The Story of

BAYARD RUSTIN

バイヤード・ラスティンの生涯

ぼくは非暴力を貫き、あらゆる差別に反対する

ジャクリーン・ハウトマン／ウォルター・ネーグル／
マイケル・G・ロング

渋谷弘子 訳

合同出版

TROUBLEMAKER FOR JUSTICE

by Jacqueline Houtman, Walter Naegle, Michael G. Long

Japanese translation published by arrangement with City Lights Books
through The English Agency (Japan) Ltd.

本書の言葉遣いについて

言葉は、相手を敬うこともあれば、侮辱することもあるし、傷つけることもあります。言葉の意味や受け取り方は時とともに変化します。90年ほど前に高校生だったバイヤードはわたしたちより前の時代に生きていました。その当時の言葉使いも言葉の意味も今とは異なっていました。バイヤード自身、肌の色（黒人）や性的指向（同性愛）のせいで、心ない言葉をかけられました。本書を読む前に、そのことを理解しているのは大事なことだと思います。言葉遣いの変遷も歴史の一部ですから。

原稿を書くにあたって、わたしたちは、バイヤードの時代の人たちが直面した問題点を正確に描くことを心がけながら、できるかぎり当事者を傷つけないように配慮しました。

この本では、「アフリカ系アメリカ人」も「黒人」も使いました。「白人」と書いた場合は、ヨーロッパからやってきた人たちの子孫を表しています。「白人」「黒人」と、白や黒を使う場合は、肌の色を表すために使いました。「ゲイ」「レズビアン」「ホモセクシュアル（同性愛）」という性的指向を表す言葉もそのまま使いました。「ホモセクシュアル」は、時代遅れの言葉だという人もいますが、バイヤードの時代にはよく使われていました。

バイヤードは言葉が秘めている力をよく知っていました。言葉が人の心にも、信念にも、人生にも大きな影響を与えるものだと知っていたのです。

著者

Contents

はじめに

「どんな社会にも、天使の心を持ちながらトラブルメーカーになれる組織が必要だ」

世界をもっとよくするために、わたしたちはトラブルメーカーにならなければならないと、バイヤードは語ったことがあります。バイヤードがいうトラブルメーカーとは、紛争解決の手段として、人種差別や性差別、貧困、暴力を武器として持ち出す人たちに、けっして妥協しない人びとのことです。また、天使の心とは、暴力を使わない優しい心のことです。

バイヤードは、暴力や貧困、人種や宗教、民族などが、社会を分断し、バラバラにする社会的な問題であることをよく知っていました。そのうえで、子どもや若者も含めたすべての人に、分断された社会を正常に戻す力があると信じていました。わたしたちには、貧富の差のない、平和で協力し合える社会を作り出す力があると、バイヤードは本気で信じていたのです。

暴力を使う人にノー！　と言わなければなりません。民族や宗教、性的指向や肌の色が違うからという理由で人を傷つける人に対して、ノー！　と言わなければなりません。貧しい人を助けるのを妨害する人がいたら、ノー！　と言わなければなりません。でも、声を上げるときには、天使の心も同時に持っていなければなりません。

差別にノー！　と言うときでも、非暴力にはイエス！　と言わなければなりません。協力する活動にはイエス！　貧困から自由になる行動にはイエス！　すべての人が平等になる行動にイエスの言葉が必要です。

バイヤードは、よりよい世界を作ることができるトラブルメーカーたちに、一斉に声を上げてほしいと望んでいました。

この本を若い読者のみなさんに届けたい一心で、わたしたちは制作に取りかかりました。若者にはみずみずしい思考力と無限のエネルギーがあります。そのどちらもが世界の変革には絶対に必要です。国をよくするための大変革を若者がリードすることがよくあります。若い力が世界をよくしていくのです。わたしたちはそのことを知っているからこそ、みなさんにバイヤードのことを知ってほしいと思ったのです。

バイヤードは、天使の心を持ってトラブルを起こす達人でした。第二次世界大戦中、非暴力が正しいと信じて刑務所に入ることを厭《いと》わない勇気を持っていましたし、1963年の「雇用と自由を求めるワシントン大行進」を成功させた、頭脳明晰《めいせき》な人でもあります。キング牧師のような、当時はまだ若い指導者たちに非暴力の闘い方を教え、そうした人たちを公民権運動で強い影響力を持つ人物に育て上げた謙虚な人でした。

バイヤードの行動を知ることで、みなさんは勇気づけられたり、大事なことに気づかされたりするに違いありません。「天使の心を持つ」ということがどういうことかわかると思います。

わたしたち著者3人は、まちがいなくバイヤードに勇気づけられました。

1人目の著者、ウォルター・ネーグルは、1960年代には高校生でしたが、アフリカ系アメリカ人が公民権を求める闘いや、不平等に対して非暴力で闘うという考え方に魅了されていました。バイヤードはそのとき、公民権運動の先頭に立って戦略を練っていました。ネーグルはずっとあとになってバイヤードと出会います。そして、ふたりは互いに愛し合うようになります。

2人目の著者、マイケル・G・ロングは、キング牧師についての本を読んで、バイヤードのことを知りました。マイケルは、バイヤードが非暴力で活動を続けたことに深い感銘を受け、ウォルターの力を借りて、バイヤードの手紙をまとめた本を作りました。また、2001年9月11日の同時多発テロ事件以降、数回にわたって、戦争反対の行進もしています。

3人目の著者、ジャクリーン・ハウトマンはクエーカーの集会に出席していたので、バイヤードについては少し知っていました。ウォルターやマイケル、クエーカープレス社から、「若者向けにバイヤードの伝記を作りたいが、いっしょにやってくれないか」と声がかかったときには、天にも昇る気持ちでした。

ジャクリーンは本書を執筆中に、バイヤードの声を録音で聞いています。バイヤードについて知れば知るほど、バイヤードの伝記は広く若い読者にも読まれるべきだと、さらに強く思うようになりました。

わたしたちは、自分の技術や洞察力を生かして、共同して原稿を書き上げました。バイヤードの人生に魅了された経験を持っている3人は、いつか若い読者のみなさんが、天使の心を持ったトラブルメーカーの大合唱に加わってくれる日が来るに違いないと思っています。わたしたちの声よりみなさんの声のほうが大きくなったらどんなにいいでしょう。どうかわたしたちの考えつかない方法で、バイヤードの非暴力の人生や業績を引き継いでいってください。未来はみなさんのものなのですから。

さあ、ページを開いてください。そして、なにかトラブルを起こしてみてください。そして、天使の心をお忘れなく。

ウォルター・ネーグル
マイケル・G・ロング
ジャクリーン・ハウトマン

1963年8月28日　「雇用と自由を求めるワシントン大行進」。過去最高の推定25万人が首都ワシントンに集まった。

1 キング牧師の陰に隠れて

1963年、炎暑の8月28日午後、バイヤード・ラスティンは首都ワシントンにあるリンカン記念塔の階段に立っていました。前を見ると、反射池に沿って、ワシントン記念堂まで無数の人で埋め尽くされています。反射池のわきに並ぶ木々に登って、もっとよく全体を見ようとしている人もいます。集まっている人たちの大部分はバイヤードと同じアフリカ系アメリカ人でしたが、ありとあらゆる人種の人たちがいます。手をつないでいる人さえいます。そこには白人専用の場所はありませんでした。

マーティン・ルーサー・キング・ジュニア牧師が演壇に立ちました。

「わたしには夢がある。わたしの幼い4人の子どもたちが、肌の色ではなく、その人格で判断される国に暮らす日がいつか来るという夢が」

続いて、バイヤードに演説の番が来ました。バイヤードは目立たない場所から進み出て、用意していた文章を読みました。バイヤードにとっては晴れの舞台でしたが、「雇用と自由を求めるワシントン大行進」の公式プログラムのどこにもバイヤードの名は印刷されていません。

だれもが、「わたしには夢がある"I have a dream"」というキング牧師の有名な演説のことは知っています。でもその日、バイヤードがなにを話したかを記憶している人はもういないでしょう。

マーティン・ルーサー・キング・ジュニア牧師の名はだれもが知っています。1968年、39歳の若さで暗殺された、アメリカ史上もっとも偉大な公民権運動指導者のひとりとして記憶されています。キング牧師の誕生日は、アメリカの祝日になり、何百という通りにその名がつけられています。キング牧師はそれほど有名な人物です。ワシントン大行進の行われた場所の近くには、御影石《みかげいし》でできた30フィート（約9メートル）の像があるほどです。

しかし、だれがバイヤード・ラスティンの名を覚えているでしょうか。バイヤードが戦争に反対して投獄されたことや、キング牧師に非暴力の重要性を教えた人物であることを、だれが覚えているでしょう。バイヤードが、不寛容や差別、軍国主義、そして核兵器反対運動をしていたことを、だれが記憶しているでしょう。ローザ・パークスは、白人男性に席を譲らなかったことで逮捕されましたが、バイヤードはその13年も前にバスの白人専用席に座って逮捕されています。そのことをいったいだれが覚えているでしょうか。

バイヤードは、公民権を求める非暴力の運動としてはアメリカ史上最大の行動であった「雇用と自由を求めるワシントン大行進」を計画し、成功させました。しかし、キング牧師の陰に隠れて、バイヤードが脚光を浴びることはありませんでした。

バイヤード・ラスティンは、もっとも影響力のある公民権運動の指導者のひとりだったのにもかかわらず、彼の名を知っている人はほとんどいないのです。

2 大家族

バイヤード・テイラー・ラスティンは、ジュリア・ラスティン、ジャニファー・ラスティン夫妻の息子として、「古く大きな家」で育てられました。その家は、フィラデルフィアから25マイル離れたペンシルベニア州ウエストチェスターにありました。

10余りもあった部屋は、いつもラスティン家の9人の子どもたちや、近所の人たち、見ず知らずの訪問者でいっぱいでした。家はいつもわいわいにぎやかで、一日じゅういろんな人が出たり入ったりしていました。

一家を仕切り、幼いバイヤードに大きな影響を与えたのは、近所の人たちから「ラスティンおばちゃん」と呼ばれていたジュリアでした。バイヤードはジュリアのことを「苦しみを和らげるのがうまい人」で、いつも困っている人たちを助けていたと記憶しています。ジュリアはいつも、周囲の人たちの生活をよくしようと心がけ、「どんな人も敬われ尊ばれるべきだ」という信念を持っていました。バイヤードはそんなジュリアの背中を見て成

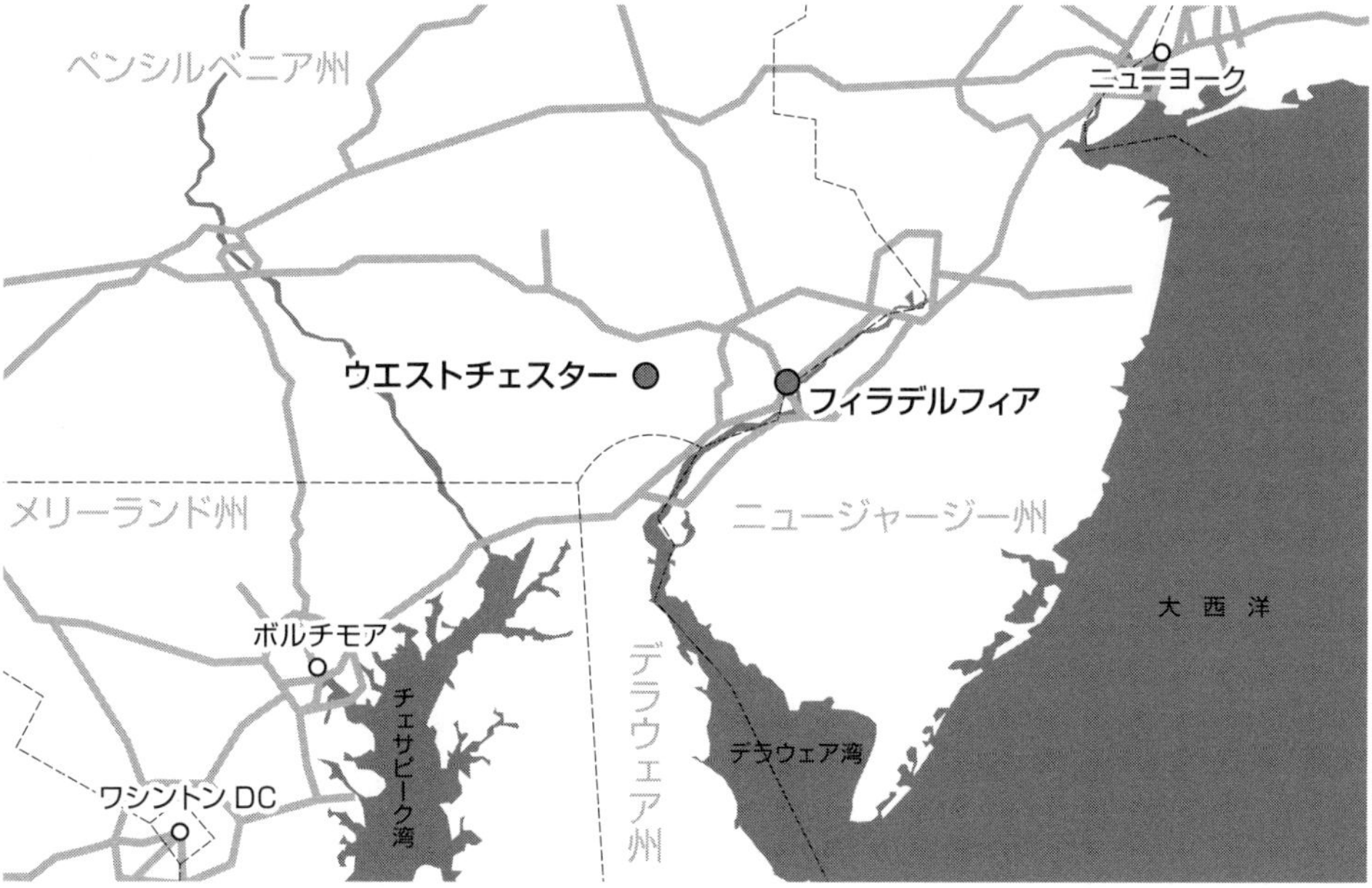
ペンシルベニア州
ニューヨーク
ウエストチェスター
フィラデルフィア
メリーランド州
ニュージャージー州
大西洋
ボルチモア
デラウェア州
チェサピーク湾
デラウェア湾
ワシントン DC

長します。

ジュリアは１８７３年に生まれ、クエーカー教徒の下院議員トマス・バトラーの家で子ども時代を過ごします。ジュリアの母親が議員の家でメイドとして働いていたからです。

ジュリアはバトラー家の計らいで、地元のクエーカーたちが通う学校で学び、さらに看護学校に進みました。アフリカ系アメリカ人の女性が、白人生徒と同じ学校に通い、看護師になる勉強をするというのは、当時としては非常にめずらしいことでした。黒人と白人が同じ教会に通うこともまれなことでしたが、この地域では、地元のクエーカー教会で黒人も白人といっしょに礼拝していました。

ジュリアは１８９１年、18歳のときにジャニファー・ラスティンと結婚します。ジュリアはクエーカー[*1][*2][*3]として育ちましたが、結婚すると、夫のジャニファーが信仰するベテル・アフリカン・メソジスト・エピスコパル（ＡＭＥ）教会に通うようになります。ベテルＡＭＥ教会はクエーカーの教会と違い、黒人だけが通う教会でした。

ジュリアとジャニファー夫妻には6人の娘と2人の息子がいました。１９１２年3月17日に生まれたバイヤードは、夫妻の9人目の子どもとして育てられます。バイヤードの名は、同じペンシルベニア州生まれのクエーカーで詩人のバイヤード・テイラーにあやかっ

バイヤードの祖母ジュリア・デイヴィス・ラスティンは、フレンズ・グレイディッド・スクール（現在はウエストチェスター・フレンズ・スクールとして知られるクエーカーの学校）の最初の黒人生徒だった。

てつけられたものでした。

バイヤードは、ジュリアとジャニファーのことをほんとうの両親だと思っていました。しかしある日、小学校のクラスメートに「ジュリアとジャニファーはおまえのほんとうの親じゃないんだ」とからかわれ、びっくりして家に飛んで帰ります。そんなバイヤードにジュリアは初めて真実を明かします。

バイヤードのほんとうの母親は、バイヤードが姉だと思っていたフローレンス、ジュリアの長女でした。両親だと思っていたジャニファーとジュリアは祖父と祖母、姉や兄だと思っていた人たちは、フローレンス以外は叔母や叔父だったのです。

フローレンスは19歳のとき、未婚のままバイヤードを産みました。バイヤードの実の父親であるアーチー・ホプキンスは、フローレンスとの結婚にも、生まれたばかりのバイヤードの父親になることにも、まったく関心がありませんでした。そのため、祖父母のジャニファーとジュリアが、孫のバイヤードを息子として育てる決心をしたのです。

ジュリアはバイヤードに、「フローレンスがおまえの母親だよ。だけど、わたしたちは大きなひとつの家族。だれもがみんなの母親なんだよ」と、さとします。ラスティン家では事実そのように暮らしていたのです。その結果、バイヤードが生涯持ち続けることにな

バイヤードの祖父ジャニファー・ラスティンは1864年、メリーランド州ラプラタの奴隷の家に生まれた。その翌年、憲法修正第13条によって奴隷制度が廃止されると、解放され、1880年代、十代のころに、ペンシルベニア州ウエストチェスターに引っ越した。

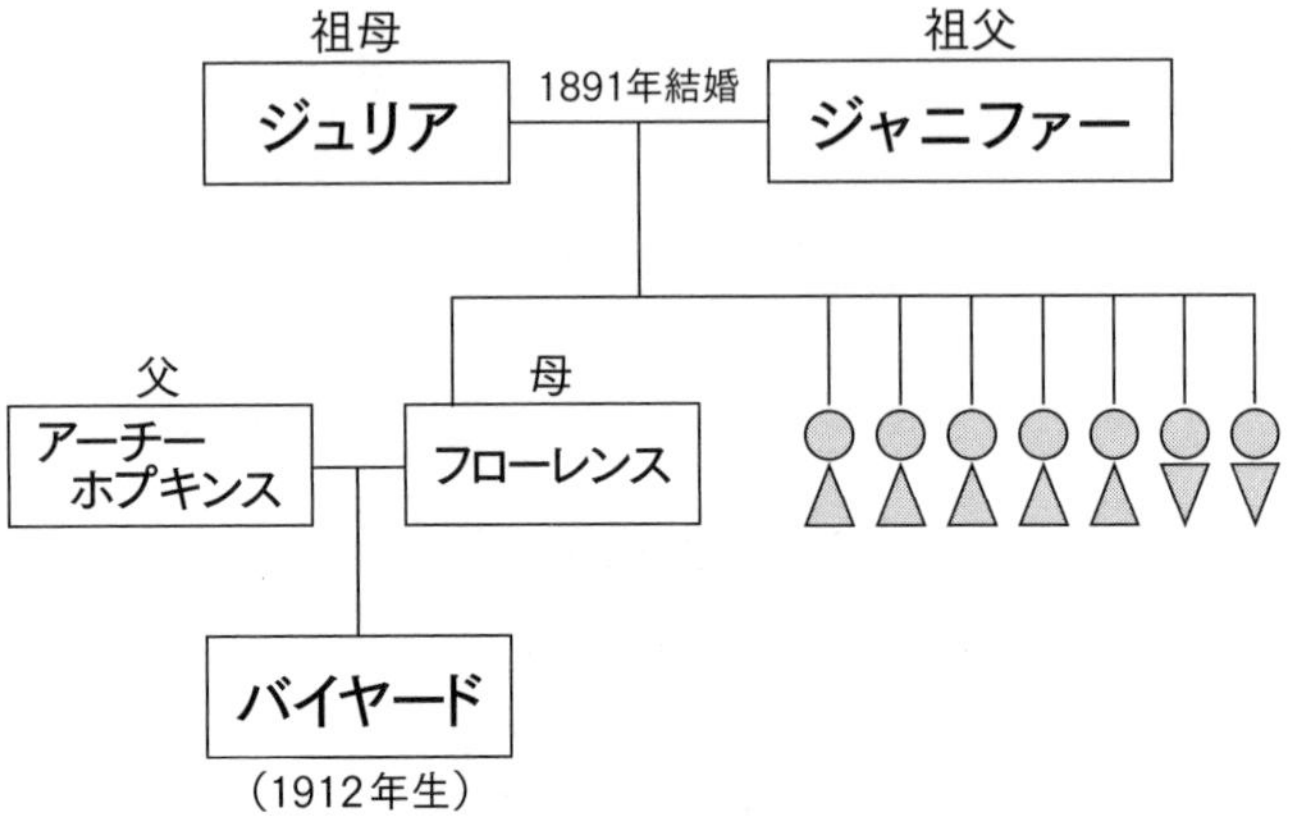

る、「人類はひとつの家族である」という信念が育まれたのでした。

ジュリアは、親から教えられたクエーカーの価値観の多くをバイヤードに教え、幼い心に大きな影響を与えました。ジュリアとジャニファーはまた、バイヤードをできるだけ多くの時間、ベテル・アフリカン・メソジスト・エピスコパル（ＡＭＥ）教会で過ごさせました。

ジュリアは、クエーカーの教えとベテルＡＭＥ教会での体験から、「どんな人も人類という家族の大事な一員で、価値がない人も尊敬に値しない人もいない。ほかの人より劣っているから尊敬に値しないという人はひとりもいないのだから、すべての人を完全な人間として扱わなければならない」と確信するようになり、その信念をバイヤードに教え込みました。

バイヤード（2 列目中央で薄い色の上着を着ている）は、ベテル・アフリカン・メソジスト・エピスコパル教会の聖歌隊で歌っていた。

しかし、バイヤードはこの教えに背いたことがありました。小学校5年生のときのこと、数人の白人少年といっしょに、中国系アメリカ人がやっているクリーニング屋に石を投げたり、中国人を差別し侮辱する言葉を大声で繰り返し叫んだりしたのです。

これを知ったジュリアはバイヤードに、2週間にわたり放課後、無給でそのクリーニング屋で働くことを命じます。それは単なるお仕置きではなく、人類という家族にはあらゆる人種が含まれていることをバイヤードに教えるためでもありました。このときの体験からバイヤードが学んだもうひとつのことは、集団になると仲間からの圧力で、ひとりではしないような悪いこともしてしまう、ということでした。「悪いことだとはわかっていたんです。ぼくは今でも、あのとき口にしてしまった短い言葉を忘れませんし、あんなことをしてしまったぼくに祖母がさせたことも忘れません」と、のちに語っています。

バイヤードは生涯、平和主義と非暴力というクエーカーの教えを守り通しました。これもまたジュリアから学んだことでした。ジュリアは子どもたちに、暴力で争いを解決してはいけないと教えました。「憎み合うのはつまらないと、ぼくたちは教えられたんです」と、のちにバイヤードは語っています。

ジュリアは暴力否定論者でしたが、決して受け身ではありませんでした。暴力はふるい

いつも泣いたり嘆いたりしていることはない。
わが民を自由にせよ!
奴隷の鎖につながれて、ずっとみじめな思いをしていることはない。
わが民を自由にせよ!
行け、モーセ、
はるかエジプトの地に
そして、ファラオに告げるがいい
わが民を自由にせよと!

——黒人霊歌『行け、モーセ』より

ませんが、ほかの人が不当な扱いを受けているのを見過ごすことはありません。偏見や差別を目にしたときには、平等の権利と人間の尊厳のために敢然と立ち上がることが大切だとバイヤードに教えました。

ジュリアは自分が差別されても、差別する人を殴ったり、侮辱したりはしませんでしたが、不公平、とりわけほかの黒人が差別されているときには、決してひるみませんでした。ジュリアは全米黒人地位向上協会（ＮＡＡＣＰ）の古くからのメンバーでした。全米黒人地位向上協会は、アフリカ系アメリカ人が憲法で保障された権利を獲得できるように、教育と法制度を武器にして、熱心に活動している組織でした。

地域の役に立ちたいと思っていたジュリアは、アフリカ系アメリカ人の子どもたちのために託児所を開いたり、聖書を勉強するサマーキャンプを始めたりしました。ジュリアは、モーセが奴隷状態にあったエジプトのヘブライ人を解放し、「約束の地」に導いたという聖書の話をよく子どもたちに聞かせていました。「約束の地」は、自由で、ミルクや蜂蜜《はちみつ》がふんだんにあり、飢える人はいないとされています。

ジュリアはまた、南部を逃れて「約束の地」をめざしてやってくる、見知らぬアフリカ系アメリカ人を、快く自分の家に迎えました。そのころ、南部の農園に住んでいたアフリカ系アメリカ人の多くは、低賃金で重労働をさせられていました。彼らにとって南部は安心して暮らせる場所ではなかったのです。彼らは、フィラデルフィア、シカゴ、デトロイト、ニューヨークといった大都市に出さえすれば、自由とまともな収入が得られるかもしれないと、ほとんど手ぶらで北部をめざして歩いていました。

ジュリアは、こうした人たちにベッドと食べ物を提供し、無事に目的地に着けるよう支援しました。真夜中にバイヤードをベッドからたたき出し、そこに疲れた旅人を寝かせたこともあります。

ある晩、バイヤードは、大きなうめき声で目をさましました。うめき声は、隣の旅人家族が寝ている部屋から聞こえ、気づくとガスのにおいがします。バイヤードはあわてて祖父を起こし、ふたりで部屋に行ってみると、旅人家族が大変なことになっていました。

当時、都会の照明にはガス灯が使われていましたが、ガス灯を知らないこの家族は、ランプを消すときと同じように、火だけを消して、ガス栓を閉めなかったため、有毒ガスが部屋に充満してしまったのです。幸い命に別状はなかったのですが、子どものバイヤードにとっては恐ろしい体験で、いつまでも忘れることができませんでした。

バイヤードの家には、社会学者のW・E・B・デュボイスや、弁護士で作家のジェイムズ・ウェルドン・ジョンソン、教育者のメアリー・マクロード・ベシューンといった名の知れたアフリカ系アメリカ人の指導者たちも宿泊することがありました。全米黒人地位向上協会の熱心な活動家だったジュリアは、「黒人お断り」とホテルに拒否されていた指導者たちを、家に招いて泊めていたのです。バイヤードは子どものころ、「お客さんたち」が、黒人社会の問題や人種分離、差別の問題を議論しているのを耳にしていました。

バイヤードは、ジュリアとジャニファーに守られ、安心して子ども時代を過ごしました。黒人が差別され、ひどい目にあっていることは知っていましたが、自分自身がそういう目にあうことはありませんでした。

用語解説および関連事項

＊1【クエーカーと奴隷制】 クエーカーはキリスト教プロテスタントの一派です。クエーカーは、どんな人の中にも神の光がある、そして、どんな人も敬われ、やさしく扱われるべきだと信じている人々です。17世紀の終わりころ、「人間を奴隷にすることは、すべての人は平等だというクエーカーの教えに反する。奴隷制はまちがっている」と考えるクエーカーが出てきました。革命戦争のあと、クエーカーは互いに自分たちの奴隷を解放しようと声をかけ合います。中にはアフリカ系アメリカ人の逃亡を助けたり、奴隷制廃止に取り組んだり、性別や年齢を問わず解放された人たちを教育したりする人もいました。

神秘的な体験によって体を震わせることからクエーカー（震える人、体を震わす人という意味）と呼ばれるようになりました。

＊2【クエーカーの信条】　クエーカーはだれの心の中にもある内なる光、すなわち、神の御心《みこころ》を体現する生き方をしたいと考えています。そのために次の4つのことを実践しています。

・平和主義と非暴力：戦争と暴力に反対することは、クエーカーのもっともよく知られた信条のひとつである。
・平等：いかなる人も等しく権利と尊敬を受けるに値する。
・誠実：誠実であることはクエーカーにとってきわめて重要なことで、クエーカーは自分の価値観と行動を一致させるよう努める。
・質素：外見や所有物を重要視すると、霊的な事柄に集中できなくなる。

＊3【クエーカー：キリスト友会またはフレンド派】　フレンド派（クエーカー）は17世紀にイギリスで始まりました。自分自身の中にもほかの人の中にもある内なる光、すなわち神の御心はだれでも経験できると、初期のクエーカーが気づきます。それによって、クエーカーは聖職者の力を借りずに自分たちだけで集まって、静かに礼拝するようになります。また、すべての人は平等である、人殺しも戦争もまちがっていると信じるようにもなります。

そうした信念のために迫害され、イギリスから北アメリカに逃れたクエーカーがたくさんいました。その多くが、ウィリアム・ペンの開いた入植地で暮らし始めます。ウィリアム・ペンも、イギリス生まれのクエーカーで、クエーカーが望みどおりに自由に礼拝でき、フレンド派の信条を実践できるようにとペンシルベニア入植地を創設したのです。バイヤードが子どものころ、ウエストチェスターを含むフィラデルフィア地区には、まだかなりの数のクエーカーがいました。

3 地下鉄道

祖母のジュリアは、だれのためにも平等の権利を求めて闘いましたが、とりわけ、バイヤードを守るためには一歩も譲りませんでした。

バイヤードが小学生のころのことです。担任の先生が左利きのバイヤードを右利きに矯正しようとしたことがありました。当時は右利きが普通だったからです。ジュリアは校長室に乗り込み、「バイヤードは生まれつき左利きだから、左手で文字を書くのを許してほしい」と迫りました。おかげでバイヤードは、むりやり右手で書かされずにすみ、その分の時間とエネルギーを学業に向け、優秀な成績をおさめました。

バイヤードにもっとも大きな影響を与えた教師のひとりに、ヘレナ・ロビンソンがいます。ロビンソン先生は6年生のバイヤードたちに、「奴隷制は、アフリカから連れてきた人たちを強制的に働かせた悪い制度です」と、教えました。

ロビンソン先生は人種差別や圧政についても教え、バイヤードが「リンチ」のむごたらしさについて知ったのも、ロビンソン先生からでした。ロビンソン先生は、「リンチとは、南部の白人暴徒が自分たちの力を誇示するために、アフリカ系アメリカ人を襲ったり、公然と殺したりすることです」と説明しました。

バイヤードは少なくとも子どものころは、むごたらしいリンチを見たことはありませんでした。「ぼくのいた地域では、だれもリンチを受けた人はいませんでした。ただ、白人女性に話しかけて、殴られた黒人はいます。黒人が白人女性に話しかけることは法律で禁じられていたのです」と、のちにバイヤードは回想しています。

ロビンソン先生はまた、奴隷制に反対する活動を熱心に行っていた人たちの話もしてくれました。白人クエーカーの中には、奴隷に読み書きを教えて投獄されたり、自由なアフリカ系アメリカ人と協力して「地下鉄道[*4]」の活動（1810年ごろから1850年ごろまで）に参加したりした人たちもいました。「地下鉄道」とは、南部の奴隷制度から逃げ出し、自由な北部に向かう黒人奴隷を助けるための秘密組織の活動のことです。

ペンシルベニア州のウエストチェスターは、南北戦争が始まる前、地下鉄道「東部線」の主要な「駅」でした。東部線は、南部の奴隷州から奴隷制を違法としているフィラデルフィアのような北部にまで延びていて、ウエストチェスターの中にも周辺にも、たくさん

ハリエット・タブマンはメリーランド州の奴隷だったが、逃亡し、「地下鉄道」のもっとも有名な「車掌」（奴隷たちを誘導した人のこと）のひとりとなった。19回にわたって南部に行き、300人以上のアフリカ系アメリカ人を無事に北部に導き、彼らが新しい生活を始める手助けをした。「モーセ」と呼ばれたタブマンは、黒人霊歌の『イエスのもとへこっそり行け』を歌うことがあった。それは、年齢や性別を問わず奴隷たちに、逃亡計画のあることを知らせる秘密の合図だった。

ウィリアム・スティルは「地下鉄道」の「車掌」だった。1872 年に出版された『地下鉄道』という本の中で、ウィリアムは「クエーカーがこっそり逃亡を助けてくれたおかげで、無事に逃げられた奴隷が数多くいる……結果として言えることは、クエーカーの居住地の地下鉄道は、多くの奴隷たちをいつもかなり安全に移動させることができたということだ」と書いている。

の駅がありました。ウエストチェスターには自由を獲得していたアフリカ系アメリカ人が数多くいて、その人たちが友人や親類を奴隷制の鎖から解放することに心血を注いでいたからでもあります。奴隷制に反対する人たちは、地元のクエーカーたちと協力して、東部線が逃亡奴隷にとってより安全な路線になるように活動していました。

ロビンソン先生は生徒たちを、かつて「地下鉄道の駅」だったクエーカーの古い家々に連れていき、逃亡奴隷たちが一時身を潜めていた場所を見学させました。逃亡奴隷たちは、追跡してくる奴隷捕獲人に見つかれば、南部に連れ戻され、また奴隷にされてしまいます。

ウエストチェスターの町が「地下鉄道」の活動で重要な役割を果たしていたのは確かですが、住民のすべてが奴隷制廃止の活動を支持していたわけではありません。町の有力者の中には、黒人は白人より劣っていると考えている人もいました。彼らは、人種を分離する制度を導入して、白人と黒人がいっしょにならないようにしました。そのため、アフリカ系アメリカ人は町の劇場で白人とならんで座ることはできませんでしたし、町の中心部にある公衆トイレを使うこともできませんでした。アフリカ系アメリカ人には食事をさせないレストランもありましたし、「白人専用」の看板を出している建物もありました。黒人の子どもは、白人の通う公立小学校には通うことができませんでした。

小学校時代のバイヤード（真ん中の列の左から２人目）。

バイヤードが通った「ゲイ通り小学校」は、黒人だけが通う学校でした。バイヤードはここで、マリア・ブロックという大好きな先生に出会います。ブロック先生は、ラスティン家が通う教会の牧師の娘で、英語と弁論術を教えてくれました。ブロック先生のアクセントは独特で、先生から英語を学んだバイヤードは、英国ロイヤルファミリーの一員かと思われるほど、正確で優雅な英語を話すようになります。バイヤードの同級生は、「バイヤードだけ、can't の発音が違うんですよ」と、思い出を語っています。卒業してからも、バイヤードはイギリスかカリブ海諸国で発音の勉強をしてきたのだそうだ、と言われることがありました。

ブロック先生は生徒たちに、「ハーレム・ルネッサンス」についても教えました。南部から移り住んできたアフリカ系アメリカ人の多くが、ニューヨークの一角にあるハーレム地区に定住します。やがて1920年代になると、ハーレムはアフリカ系アメリカ人の作家や俳優、ミュージシャンやダンサーなどの活動拠点になり、彼らの創作活動の芸術性の高さは世界じゅうに知られるようになります。

ブロック先生の授業を聞いて、小学生だったバイヤードは、遠く離れたニューヨークのハーレムで、これまでにないすてきな人生を送りたいと夢見るようになります。後にバイ

ゲイ通り小学校は黒人だけが通う学校だった。

ヤードはブロック先生のことを思い出して、「ブロック先生のおかげで、勉強にスイッチが入りました。人は教育があれば、がんじがらめの過去の環境から自分を解放できると知ったのです」と語っています。

用語解説および関連事項

＊4【**地下鉄道**】 地下鉄道は19世紀初めに始まりました。そのころ奴隷たちは所有者に家族をばらばらにされたり、ムチで打たれたりしていました。基本的な教育も受けさせてもらえませんでした。地下鉄道は、多くのクエーカーを含む奴隷制廃止論者が考え出した仕組みで、奴隷たちが所有者から逃げるのを助けるためのものでした。奴隷制廃止論者たちは鉄道関係の用語を使って、それぞれの役割を分担し、アフリカ系アメリカ人が南部から逃亡するのを助けました。「車掌」の仕事は、逃亡奴隷が見つからずに自由の地に行けるように、守ったり誘導したりして移動させることでした。ラスティン家の通うベテル・アフリカン・メソジスト・エピスコパル教会の信者の中にも19世紀に車掌を務めていた人がいます。

地下鉄道の「駅長」は逃亡奴隷に食料や衣服、「駅」(寝泊りする場所)を提供しました。駅は、身を隠す場所や秘密の通路、トンネルのある家や納屋でした。逃亡奴隷の寝る場所は、たいてい、床下や屋根裏などの狭い空間、納屋にある家畜のえさ入れや水入れ、幌《ほろ》のついた荷車の荷台などでした。

16歳のバイヤード。

4 一番になる

ウエストチェスターの小学校は人種分離（白人の学校と黒人の学校が分かれていた）されていましたが、ウエストチェスター高校は人種統合されていたので、黒人の生徒も白人の生徒も通っていました。

ウエストチェスターの白人有力者たちは、アフリカ系アメリカ人の生徒だけを通わせる高校を設置するのは無駄なことだと考えていました。黒人生徒の多くは、1年か2年で退学してしまうからです。黒人生徒の多くも、高校は無駄だと思っていました。将来、ウエストチェスターで、学業を生かして、まともな職業に就けるあてはなかったからです。就職するときも偏見や差別があり、黒人は白人よりずっと不利だったのです。

しかし、バイヤードは高校をやめませんでした。同級生のひとりは、「バイヤードはほかの生徒とは違っていた」「野心があったし、自分の可能性を信じていた。バイヤードの決意は固く、だれにも負けるもんかと思っていた。できっこないと言われたことは、絶対

「心の奥底から、わたしを駆り立てる声が聞こえる、
その声に耳を傾けようではないか。
わたしには勇気がある、よりよいものを希求する強さがある、
今の生活よりももっと高貴ななにかを」
――ヘンリック・イプセン（1828－1906　ノルウェーの劇作家）
『カティリーナ』（最初の戯曲）より

にやってみせた」と思い出を語っています。

バイヤードはウエストチェスター高校でも、優秀な成績を修め続けました。生まれつき頭がよかったうえに、努力を怠らず、とりわけ文学、語学、数学でよい成績を残しました。アフリカ系アメリカ人生徒が、大学進学準備課程に入れるのはめずらしいことでしたが、バイヤードにとっては当然のことでした。成績優秀者のひとりだったのですから。

バイヤードは芸術的な面でも優れていて、学校演劇で何度か主役を演じています。そのひとつに、ヘンリック・イプセンの『カティリーナ』があります。紀元前1世紀ころ、ローマ共和制の時代にクーデター未遂事件を起こした政治家カティリーナのことを描いた戯曲です。

バイヤードがいちばん力を入れて学んだのは声楽でした。天性のテノールの美声に恵まれていたバイヤードは、ベテ

ルＡＭＥ教会の聖歌隊や、地元のゴスペル・カルテットでも歌っていました。バイヤードは、ウエストチェスター高校の音楽教師で聖歌隊指揮者のフロイド・ハート先生に声楽の指導を受け、才能を開花させました。ハート先生がクラシック音楽に力を入れていたことから、バッハ、シューベルト、ブラームスの歌曲も歌えるようになります。

バイヤードはクラシック音楽を歌う機会に恵まれたことに感謝していました。これまでクラシックの歌曲を歌ったことがなく、自分の歌唱力の幅が広がると思ったからです。コンサートを聴きにきた人びとは、黒人は霊歌やブルースだけを歌うものだと思い込んでいましたから、陽気なバイヤードがクラシックの歌曲を披露すると、目を丸くしました。バイヤードは、全校集会でガエターノ・ドニゼッティ作曲のオペラのアリアをイタリア語で歌って、全校生徒をあっと言わせたこともあります。

バイヤードは、人前で話すことも得意でした。高校1年生のときには、ウエストチェスター高校のアフリカ系アメリカ人生徒としては初めて、有名な弁論大会で優勝しています。かつてバイヤードに雄弁術を教えたマリア・ブロック先生は鼻が高かったことでしょう。翌年には作文コンテストでも優勝しています。

バイヤードの運動能力が高いことを知っている友人は、フットボールチームの入団テス

バイヤードはウエストチェスター高校で男子テニスのシングルス・チャンピオンになった。バイヤードの幼友だちは「白いテニスウエアを着たバイヤードはとびきりかっこよかった。近所の女子生徒たちは、自分の家のそばを通るバイヤードの姿を見るのを心待ちにしていた」と語っている。

トを受けてみたらとバイヤードに勧めました。バイヤードはレフトタックルとして先発出場し、卒業の1年前には、チェスター郡のベスト・ラインマンのひとりに選ばれました。友人のひとりはバイヤードのことを、「オフェンスでいちばん激しい当たり屋だった。おばあちゃんに、非暴力をたたき込まれた若者のすることとはとても思えなかった」と回想しています。

バイヤードは高校時代、いろいろなサークルをかけもちしていました。バスケットボール、フットボール、陸上、テニスといった運動部にも、科学部、フランス語部、歴史部、演劇部、グリークラブ、合唱部にも入っていました。生徒会役員にも選ばれました。あちこちの部に参加していましたが、どこの部でも力を抜くことはありませんでした。級友だったジョン・ロジャーズは、バイヤードがフットボールの練習試合をしていたときのことを覚えていて、「ときどき、バイヤードはぼくをうつぶせに倒したかと思うと、親切に助け起こしてくれて、詩を一行か二行、そらんじてくれた」と語っています。

皮肉なことに、バイヤードが人種分離を肌で感じるようになったのは、人種分離のない高校に通い始めてからのことでした。黒人だけが通う「ゲイ通り小学校」では、差別されていやな思いをすることはありませんでした。小学校の外では活動家たちが、黒人の子ど

フットボールチームのウエストチェスター・ウォリアーズは、バイヤードが最終学年で迎えたシーズンを無敗で終えた。バイヤードは前列右から３人目。

も白人の子どももいっしょに公共図書館でお話を聞かせてくれたりしたからです。しかし、高校に入ると、自分が差別のある環境にいることに気づき始めます。

当時の高校生は通常、自分と同じ人種や民族の人とだけ友だちになっていました。しかしバイヤードは、そういう習慣に従って友だちを作りたいとは思いませんでした。学校で、白人のクラスメートと友だちになることにはあまり問題はありませんでしたが、一歩学校の外に出ると、事情が違いました。

バイヤードは映画館でもレストランでも、白人の友だちといっしょに座ることはできません。ＹＭＣＡ（キリスト教青年会）の体育館で、白人の友だちとバスケットボールをすることはできませんでしたし、白人の友だちの家族から来ないでくれと言われたこともあります。町の店やレストランのトイレは、白人の友だちは使えても黒人のバイヤードは使えません。バイヤードは走って帰って、家のトイレを使うしかありませんでした。

バイヤードの高校時代の一番の友だちはジョン・セスナという白人でした。ふたりはともに、走ること、書くこと、人前で話すこと、そして、演じることに興味があり、よく公共図書館でいっしょに過ごしました。公共図書館は、ウエストチェスターで黒人と白人がいっしょに過ごせる、数少ない場所のひとつです。バイヤードとセスナは、黒人と白人

バイヤード（前列左から４人目）は、陸上競技部の主要メンバーとして、マイル（約1,600メートル）リレーでの州記録達成に貢献した。

が仲よくするのを見慣れていない人たちから偏見の目で見られました。級友たちからは、「白んぼ」「黒んぼ」と蔑称で呼ばれていました。セスナの家族はバイヤードを家に迎え入れることはありませんでした。

セスナは、ウエストチェスターのYMCAが冬の陸上練習にバイヤードを参加させないことを知ると、会長室でひとり座り込みを実行しました。セスナがいくら勇敢に抗議しても、YMCAの方針は変わりませんでしたが、まちがいなくふたりのきずなは強まりました。

バイヤードは、人種差別と闘っている生徒というレッテルをはられるようになります。陸上競技部はペンシルベニア州アルトゥーナの町で行われる州大会に1泊で出かけることになっていましたが、バイヤードは黒人だけ別の宿に宿泊させられることに断固反対しました。バイヤードと、才能に恵まれたアフリカ系アメリカ人部員のチャールズ・ポスター、チャーリー・メルトンの3人は、ほかの部員と同じホテルに泊まれないなら大会には出場しない、と監督に迫りました。監督はしぶしぶ要求をのみましたが、生徒から抗議されるのは不愉快でした。

バイヤードは活動家だと、さらに強く認識されるようになります。バイヤードがウエス

　バイヤードは数編の詩を、学校誌『ガーネットとホワイト』に発表しました。以下の『キューピッドの冬のメッセージ』はその中の一編です。

ぼくの目の前に奇妙なものがある——
それは色鮮やかなキューピッドのレース
ぼくには真っ赤な心臓の形に見える——
いったいなんのためにあるのだろう？
木々の形にも見える
レースのそよぎを感じる
いったい
だれがぼくのことを思ってくれているのだろう
そうか！　これはきっとすてきな女性が送ってくれたんだ
「わたしの愛はあなたとともに」と告げるために
ヴァレンタインをたたえ、ふたりで歌おう
キューピッドの矢は春を待てないのだから

トチェスターにあるワーナー劇場の白人専用席に座ったという情報が、生徒たちの耳に入ってきたのです。バイヤードが座ってはいけない場所だと知りながら座っていると聞きつけた警官が劇場にかけつけ、バイヤードを逮捕し投獄しました。バイヤードは、その後の人生で何度となく人種差別に抗議して逮捕されるのですが、このときが第1回目の逮捕でした。

バイヤードは高校の卒業式で、代表スピーチをする6人のうちのひとりに選ばれました。「こんなすごいやつはほかにはいない。一番になって最高の自分を見せてやると決意して、実際なにをやらせても一番になったんだから」というのが、バイヤードを知る生徒たちの共通した評価でした。

1932年6月の卒業式は、バイヤードにとって晴れの日でした。黒い上着に白いズボン、20歳のバイヤードは堂々と演壇に立って、「音楽は日々の疲れや単調さからわたしたちを救ってくれます」と、音楽の可能性について語りました。そして、スピーチのあいだに歌をはさみ、仲間の卒業生や家族に聞かせました。その日はバイヤードが、文武両面で優秀な生徒であることを改めて証明してみせた日でした。

しかし、卒業式の日は、ほろ苦い日でもありました。バイヤードと同じく卒業式のスピ

ワーナー劇場は、バイヤードが高校生のころ営業を開始した。アールデコ様式で、フラシ天（ビロードの一種）張りの豪華な座席が 1650 あった。アフリカ系アメリカ人は２階のバルコニー席に座るよう支配人に指示され、白人といっしょに１階メインフロアに座ることはできなかった。

ーチをした親友ジョン・セスナは、ペンシルベニア大学に入学することが決まっていましたが、バイヤードの進路は未定でした。ほかの卒業生のだれよりも優れた成績で、行動も立派でしたが、どの自治体からも大学進学のための奨学金を得ることができませんでした。祖父母のジャニファーとジュリアは、バイヤードを心から愛し、応援していましたが、バイヤードを大学に行かせる経済的余裕はありませんでした。

やっかいなことに、1929年に起こった世界大恐慌によって国の経済は破綻《はたん》したままで、まともな賃金のもらえる仕事はないに等しく、多くの人たちが貧困から抜け出せずにいました。バイヤードはすっかり自信をなくし、希望を持つこともできませんでした。小学生のころ、教育さえ受ければ、がんじがらめの過去の環境から自分を解放できると、マリア・ブロック先生から教わっていましたが、先生の言うことが正しいと証明できるものはどこにもありません。いくらがんばっても、自分の将来は人種差別の壁に阻まれているように思えました。

しかし、祖母のジュリアはそうは思っていませんでした。ジュリアは、これまでいくつもの困難を乗り越えてきたおかげで、神経を研ぎ澄ませて必死に考えれば、きっとなにかよい方法を見つけられると思っていました。

バイヤードは 20 歳で高校を卒業したが、将来の見通しは立っていなかった。

バイヤードの卒業式が終わった夏のこと、ジュリアはよそ行きの服を着て、バイヤードの学費を援助してくれる人を探すために、たくさんの企業や教会を回り始めます。バイヤードの最大のファンで、どんなときも人の苦しみを和らげてきたジュリアが、才能にあふれる孫を長く苦しませておくわけがありませんでした。

5 抗《あらが》い続けて

ジュリアは、才能のある孫が大学の奨学金を得るのは当然のことだと思っていました。バイヤードの高校での成績は申し分なかったし、ジュリアも根気強く探しているのに、バイヤードに学費と生活費を出そうという人は見つかりません。それでもあきらめずに、ジュリアは必死に探し続けます。

最終的にバイヤードの大学進学に道を開いたのは学業成績ではなく、天性のテノールの美声でした。

バイヤードの歌唱力に感銘を受けたのは、フィラデルフィアにあるAME教会の裕福な聖職者で、次期ウィルバーフォース大学（AME教会が所有するアフリカ系アメリカ人のための大学）学長のR・R・ライト監督（メソジスト教会における役職名）でした。彼はジュリアから頼まれて、バイヤードに音楽の奨学金を出すことにしました。

1932年9月、バイヤードはウエストチェスターから500マイル（約800キロメートル）ほど離れたオハイオ州クセニアにあるウィルバーフォース大学に入学します。そして、音楽課程で優れた成績を修め、合唱部や、優秀な歌い手だけで構成されるカルテットで歌いました。

バイヤードをメイン・テノールとソロに据えて、ウィルバーフォース・カルテットは、ニューヨークからディープサウス（アメリカ南部諸州のうち、ルイジアナ州、ミシシッピ州、アラバマ州、ジョージア州、サウスカロライナ州を含む地域。人種差別がとりわけ激しかった地域）までの東海岸を旅して歌っては、大学への寄付を募りました。

バイヤードはウィルバーフォース大学で、ディープサウス出身のアフリカ系アメリカ人学生と親しくなり、彼らがアフリカ系アメリカ人の古くからの文化、とりわけ労働歌やブルースと呼ばれる音楽のジャンルについて、幅広い知識を持っていることに強くひかれるようになります。神や天国のことを歌う霊歌と違って、労働歌やブルースは、トウモロコシの皮をむいたり、豚を丸焼きにしたり、家族や恋人に会いたい気持ちを歌っていました。こうした歌は南部で働くアフリカ系アメリカ人の、毎日の満たされない思いを表現していました。彼らが求めていたのは、死後天国に行くことではなく、生きているうちにもっとまともな暮らしをすることでした。

バイヤードたちは、ウィルバーフォース・カルテットのレパートリーに労働歌やブルースも加えました。ＡＭＥ教会幹部はおもしろくありません。「でも、ぼくらは従いませんでした」と、バイヤードは回想します。「確かにぼくたちは奨学金をもらっていましたが、教会幹部に言ったんです、『ぼくたちはあなたがたのおかげで生活できています。でも、ぼくたちにはぼくたちの考えがあるんです』と」。バイヤードは活動家としての自分をウエストチェスターに置いてきてはいなかったのです。バイヤードたちは演奏会で、霊歌だけでなく労働歌やブルースも演奏し続けました。

演奏会のときに曲目を紹介するのは、バイヤードの役目でした。バイヤードはその経験から、人に話をするとき、どう自分を表現すればいいかわかるようになりましたし、ウィルバーフォース・カルテットのおかげで認められ、自信もつきました。こうして得た人前で話す技術が、バイヤードのその後の人生で大いに役に立つことになります。

バイヤードはウィルバーフォース大学の音楽の課程には熱心に取り組みましたが、すべての男子学生に課されている軍事訓練は拒否しました。大学の予備将校訓練課程（大学に設置された将校を養成するための教育課程）では、学生たちにライフルの使い方や戦い方を教えます。クエーカーは戦争に反対していましたが、ＡＭＥ教会は戦争に反対していなかったので、教会員の多くが、南北戦争時代には北軍の兵士として、また第一次世界大戦中はアメリカ軍の兵士として戦っていました。

バイヤードはウエストチェスターのAME教会に通ってはいましたが、ジュリアから受けたクエーカーの教えのほうが勝っていました。バイヤードは戦争準備に反対する熱心な反戦論者として、予備将校訓練課程には出席しませんでした。

それがもとで奨学金をもらえなくなったと言う人もいますし、ウィルバーフォースにはバイヤードのやる気を満たす課程がなかったのだと言う人もいます。バイヤードは、質の悪い学生食堂の食事に抗議する運動を行ったあとで、大学当局に呼ばれて退学を申しわたされたと語っています。

理由はともかく、たった一年で、バイヤードはウィルバーフォース大学を去ります。しかし、バイヤードは在学中に自分自身について大事なことに気がつきます。それは心も体も、女性より男性にひかれるということでした。

当時、心理学者は同性愛を精神病だと考えていました。政府はゲイの男性に危険人物のレッテルをはり、同性愛者だとわかっている人物を雇うことはありませんでした。同性愛者を雇っていることが表に出れば、政府の秘密をにぎってゆすろうとする人物に方便を与えることにもなりかねないからです。

　また宗教家の多くは、同性愛を罪だと考えていました。ゲイの人たちは日常的に、解雇されたり、いじめられたり、差別されたりしていました。そうした差別は、奨励されてはいないものの、黙認されていました。そればかりか、1962年になるまで、同性愛はどの州でも犯罪でした。同性のカップルが踊ったり手をつないだりしただけで逮捕されることさえありました。

　ですから、同性愛者のほとんどは「押し入れの中に」（真の自分を隠し、抑圧された状態にいることのたとえから、カミングアウトしない状態をこう表現していた）隠れていて、自分の性的指向を人に語ることはありませんでした。

　しかし、バイヤードは自分の性的指向を病気だとも罪だとも犯罪だとも思っていませんでした。自分の個性と受け止めて、隠すことも、恥ずかしいと思うこともありませんでした。バイヤードにとっていちばん大切な人である祖母ジュリアは、ありがたいことに、バイヤードが男性にひかれるからといって、軽蔑したり非難したりすることはありませんでした。

　細かなことまでふたりで話すことはありませんでしたが、ジュリアはバイヤードに、「ありのままの自分でいなさい、男性の友だちをいつでもウエストチェスターのラスティン家に夕食を食べに連れてきなさい」と言ってくれました。ジュリアにとって気がかりなのは、バイヤードが男性とつき合うことではなく、どんな人とつき合うか、でした。ジュリアが温かい気持ちで味方になってくれたことで、バイヤードはどれほど慰められたことでしょう。数年後バイヤードは「心の安定にとっていちばん大事なことは、家族がみな、互いの生き方を理解し、受け入れることだ」と、語っています。

バイヤードは自分の個性や能力に自信を持っていたかもしれませんが、大学退学後の将来は決まらないままでした。まだ大恐慌は続いており、職もありませんでした。しかたなく、バイヤードは生まれ故郷のウエストチェスターに戻りました。自宅にいれば、温かい食事も、気持ちのよいベッドもあって、ここが自分の居場所だと感じることができました。

1934年秋、バイヤードは、自宅から数マイル離れたところにあるペンシルベニア州立チェイニー教員養成大学に入学しました。今回もまた、大学への道を開いたのはバイヤードの美声でした。新学長のレズリー・ピンクニー・ヒル博士がバイヤードに音楽の奨学金を出すと言ってくれたのです。

バイヤードはチェイニー教員養成大学カルテットの主要メンバーとなって、ペンシルベニア州や周辺の州で演奏しました。フィラデルフィアのラジオ局でソロを披露したこともあります。大学新聞はバイヤードのことを「天賦の才に恵まれた人気のテノール・ソリスト」と評しました。

ウィルバーフォース大学と同じく、チェイニー大学もアフリカ系アメリカ人学生の教育を目的に設立されていました。バイヤードは新しい大学生活を満喫しました。特にうれしかったのは、1837年にクエーカーによって設立されたこの大学では、軍事訓練がなかったことです。ライフルの撃ち方の練習も実戦訓練もなく、バイヤードはクエーカーの精神性をしっかり学ぶことができました。毎日、静かに瞑想《めいそう》し、人間の尊厳や人類という家族のまとまり、そして、非暴力に関するクエーカーの信念についてさらに深く研究しました。それによって、子どものころ、ジュリアから教えられたクエーカーの価値観は正しいとさらに強く確信するようになります。バイヤードはAME教会に通ってはいましたが、自分はクエーカーだと思っていました。クエーカーの信念によって、バイヤードは精神的に強くなれました。

そのころ、戦争の足音がはっきりと聞こえるようになっていました。ヒトラーがドイツで勢力を拡大し、イタリアはエチオピアに侵攻し、日本はアジア諸国を侵略し始めていました。クエーカーでもあり、大学の討論部の一員でもあったバイヤードは、かなりの時間をかけて、世界の国々にとって、平和主義はどんな意味を持つかについて討論しました。

1937年、バイヤードはチェイニー大学で行われた国際関係研究所の大規模な教育会議に参加するチャンスを得ました。この研究所は、アメリカ・フレンズ奉仕団（AFSC）[*5]というクエーカーの団体が資金を出して設立された研究所です。国際関係研究所はその年、全米から300人の大学生、教授、平和活動家をチェイニー大学のキャンパスに招いて、戦争の大義はなにか、そして戦争を回避する道はあるかについての討論会を開催しました。

バイヤードは大学からの奨学金で生活しながら、AFSCとは連絡を取り続け、1937年夏には、学生平和旅団に参加します。バイヤードをはじめ4人の平和旅団のメンバーは、ニューヨーク州オーバーンにあるYMCAに拠点を置いて、地域の指導者と面会したり、地元の生徒たちに平和や非暴力について教えたりしました。たとえば、地元のラジオ局で平和の歌を歌ったり、公園で平和の催しを行ったり、子どもたちに平和のバレエ劇をやらせたりするのです。こうしたクエーカーとの活動が、世界じゅうで平和を構築しようとするバイヤードの生涯にわたる活動の第一歩となりました。

不幸なことに、人種差別は一生バイヤードについて回りました。どこに行っても、肌の

アメリカ・フレンズ奉仕団のトレーニングキャンプでのバイヤード。

色のせいで差別を経験しました。バイヤードは夏の終わりに、平和旅団のロバート・ビルハイマーといっしょに、ロバートの父親と昼食をとることにしていました。ニューヨーク市のYMCA理事をしているロバートの父親は、YMCAのロビーでバイヤードに会うやいなや、息子をわきに呼んで、食堂のメインフロアでは食事ができないと伝えました。バイヤードがアフリカ系アメリカ人だからというのがその理由です。父親は不機嫌な顔をして、2階に消えたかと思うと、階下に戻ったとたんに、息子とバイヤードを連れて、個室(黒人だけが使う部屋)に案内しました。室内にはすでに昼食が用意されていました。

「ぼくはほんとうに恥ずかしい思いをしました」ロバートは当時のことをふり返ります。「バイヤードはなにごともなかったように会話を続けました。そして、父にお礼を言うと、ひとり帰っていきました。ぼくは彼の人となりをよく知っています。怒っていたに違いないんです。でも、ぼくが恥じているのをちゃんとわかっていたので、あえてそのことには触れなかったんです」

大学に戻ると、バイヤードは卒業に向けて勉学に精を出しました。卒業は目前で、卒業したら、すでに認められた声楽家として、また一流の音楽教師として、将来は約束されているようなものでした。

　しかしある日、バイヤードはヒル学長に呼び出されます。なにかしでかしてしまったのです。バイヤードは、歴史の研究者にもインタビュアーにも、なにをしたのか決して明かしませんでしたが、ヒル学長に学校を追われるほどのことをしたのは確かでした。バイヤードは1937年秋、キャンパスをあとにして、再びウエストチェスターの祖父母のもとに帰りました。バイヤードは、ウエストチェスターでもフィラデルフィアでも適当な職が見つからないまま、ニューヨーク市に目を向けます。

用語解説および関連事項

＊5【アメリカ・フレンズ奉仕団（ＡＦＳＣ）】　アメリカ・フレンズ奉仕団は第一次世界大戦中の1917年に、反戦主義者が兵役に就く代わりに奉仕活動をするために創設されました。ＡＦＳＣの若者はフランスの交戦地帯で救急車を運転したり、貧しい人たちに食料や衣類を届ける手伝いをしたりしていました。戦争が終わると、ＡＦＳＣは戦争で困難な状況に陥った人たちを援助する活動も始め、子どもたちに食料を届けたり難民を助けたりしました。彼らは平和と正義のために、現在も世界じゅうで活動を続けています。1947年、世界じゅうのクエーカーを代表して、ＡＦＳＣとイギリスのクエーカー団体がノーベル平和賞を受賞しました。

6 非暴力の力

25歳のバイヤードにとって、ハーレムはウエストチェスターから遠く離れた別世界でした。ニューヨーク市のこの一角は、アフリカ系アメリカ人のミュージシャン、俳優、ダンサー、詩人、そして、小説家が暮らし、働き、演じる、活気のある場所でした。カフェやダンスホール、劇場のある125丁目を歩いているバイヤードのわきを、車や路面電車が勢いよく走っていきます。活動家が石けんを出荷するときの木箱に乗って、「もっと仕事を、もっとよい住居を」と印刷物を手渡して、訴えています。バイヤードはこうした「石けん箱弁士」と政治や経済についてよく意見を交わしました。

ハーレムは芸術家たちや活動家たちの拠点でした。黒人も白人も、同性愛者も異性愛者もいます。クエーカーもいました。バイヤードは生涯、ニューヨークを生活の拠点にします。

バイヤードは、自分で家賃を払えるようになるまで、公立学校の教師をしていた叔母のベッシーのところで暮らしました。仕事は雇用促進局に世話してもらいました。雇用促進局は政府機関で、大恐慌時代、数百万人の人に仕事を提供していました。バイヤードは2年間雇用促進局から仕事をもらい、その後、高校の英語教師や青少年センター長として働きました。125丁目にある世界的に有名なアポロ劇場で、予定していた歌手が出場できなくなると、その穴埋めで歌ったりもしました。

ここでも再び、バイヤードの美声が運命を切り開きます。1940年1月10日初演予定のミュージカル『ジョン・ヘンリー』のコーラスをやらないかと誘われたのです。バイヤードはわくわくしました。ブロードウェーで歌って給料をもらえるばかりか、黒人だけで演じるそのミュージカルで主役のジョン・ヘンリーを演じるのが、ポール・ロブソンだったからです。ロブソンは歌手や俳優として有名なだけでなく、アフリカ系アメリカ人が公民権を獲得できるよう、歯に衣着せずにものを言うことでも知られていました。

残念ながら、『ジョン・ヘンリー』は不評で、ブロードウェーの公演はたった5回で終わりました。しかし、バイヤードのテノールに魅了された人がいました。ジョン・ヘンリーとならんで重要な役を演じたブルース・シンガーのジョシュ・ホワイトです。ジョシュ・ホワイトは、「ジョシュ・ホワイトとカロリニアンズ（カロライナ州の人という意味)」という自分のグループにバイヤードを誘いました。もちろん、バイヤードに異論はなく、ジョシュ・ホワイト率いるクインテット（5人組）は、ニューヨークのナイトクラブ――白人のクラブでも黒人のクラブでも、白人黒人どちらも入れるクラブでも――演奏しました。特に、グリニッジ・ビレッジという多くの芸術家やミュージシャン、作家が拠点としている地域ではよく歌いました。コロンビアレコードは彼らのアルバム『チェイン・ギャング』（一本の鎖につながれた囚人たちのこと。囚人たちはその状態で重労働をさせられた）を制作し販売しました。

バイヤードとジョシュ・ホワイトはともにブルースを愛していただけでなく、社会にある不平等と闘うことに関心を持っていて、共産主義*6という政治的・社会的な運動にひかれていました。共産主義者のことは、経済の平等やアフリカ系アメリカ人の公民権を要求している石けん箱弁士のあいだではよく知られていました。バイヤードは共産青年同盟（YCL）に加入し、人種差別と貧困をなくす闘いに加わります。そして、熱心な活動家となり、ハーレムで石けん箱に乗っては熱い演説を行い、仕事と自由の必要性を訴えました。

バイヤードはニューヨークのシティカレッジ（ニューヨーク市立大学シティカレッジの略称。マンハッタンにある公立総合大学）に入り、無料の講座を受講します。そこでほかの学生に人種や正義について語り、ＹＣＬの集会に誘いました。ＹＣＬでは、自分たちの主張をニューヨークじゅうに広めたいと考えていました。バイヤードはオルグ（組合や政党を組織したり加入を促進したりする人。あるいは、その活動のこと）をしながら、のちの人生で役に立つ技術を習得しました。バイヤードは優秀なオルグだったので、ＹＣＬ指導部から、ニューヨーク州にあるすべての大学にＹＣＬの学内組織を作るよう指示されます。

バイヤードの活動は、連邦捜査局（ＦＢＩ）に目をつけられます。ＦＢＩは、合衆国政府の脅威と見なされる共産主義者を監視していたのです。バイヤードの調査を始めたＦＢＩは、バイヤードの自宅の近隣住民に、バイヤードの動きを聞き回りました。捜査員のひとりがバイヤードに尋問しようとさえしましたが、バイヤードは取り合いませんでした。バイヤードがアパートの廊下で、その捜査員と鉢合わせになったときのことです。何事も隠さず、ありのままでというクエーカーの精神で、バイヤードはほかの住人に聞こえるように、「ここにＦＢＩの捜査員がいます。わたしに尋問しに来ているのです。わたしはなにも話すつもりはありません。わたしはこの人といっさいかかわるつもりはありません。みなさんはこの人になんでも好きなことを話してください。ただ、この人がどういう人で、なんの目的でここにいるのかは承知しておいてください」と叫びました。それ以降、この捜査員はバイヤードの前に姿を現すことはありませんでした。

1941年初めごろ、YCLはバイヤードに、アメリカ軍の人種分離撤廃運動における重要な任務を与えました。軍はアフリカ系アメリカ人を徴兵しましたが、白人兵士といっしょに生活したり働いたりする自由は与えてはいませんでした。バイヤードは軍における人種分離と闘いたいと思っていましたし、YCL同様にヨーロッパでの戦争に反対していました。

ナチス・ドイツが1941年6月、ソ連に侵攻すると、バイヤードの人生は新たな方向に向かいます。ニューヨークの共産党指導者は、ヒトラーの脅威に直面すると、軍の人種分離撤廃は二の次で、ナチス・ドイツに対する戦争の支持や共産主義のソ連に対する支援を重視すると決めました。バイヤードはYCLから軍の人種分離撤廃運動をやめるよう指示されてショックを受け、「共産党の最大の関心事は、黒人のことではなく、ソ連による全世界の共産化なんだ」と悟ります。幻滅したバイヤードはYCLを去り、生涯、自由や平等、人権を犠牲にして共産主義を採用する国々を批判し続けました。

バイヤードは人種分離反対の闘いを続ける決意をして、A・フィリップ・ランドルフと会うことにします。全米で最大のアフリカ系アメリカ人労働組合である寝台車ポーター組合の創設者で組合長でもあったランドルフは、公民権運動をする人たちのあいだでは、すでに尊敬を集めている人物でした。非暴力の大衆行動にも取り組む大胆な発想の持ち主で、数千人のアフリカ系アメリカ人による「ワシントン行進」を計画していました。武器や弾薬を作る工場からアフリカ系アメリカ人が締め出され、仕事ができなくなった状態に抗議するための行進です。ランドルフもバイヤードも戦争には反対でしたが、ヨーロッパ戦線に武器や弾薬を供給する工場には、技術を持たない労働者にもできる仕事がたくさんあるのは知っていました。そういう仕事にはすべての人が就けなければならず、けっして白人だけの仕事であってはなりません。

バイヤードは「ワシントン行進」運動に主催者のひとりとして加わりましたが、バイヤードの力はほんのわずかの期間しか必要とされませんでした。アフリカ系アメリカ人が首都ワシントンに大勢集まって、行進することになるかもしれないと危惧《きぐ》したフランクリン・D・ローズヴェルト大統領が、大急ぎで、「防衛産業あるいは国家公務員の雇用に際して、人種、宗教、肌の色、国籍を理由に差別があってはならない」とする大統領令を発令したからです。

「ワシントン行進」特設書店と本部。

ランドルフは勝利を手にして、行進を中止しました。「ワシントン行進」運動は継続していましたが、もうバイヤードがフルタイムで働く必要はありませんでした。そんなとき、バイヤードは、世界的に知られていた平和主義者で労働運動活動家でもあるA・J・マステに、友和会（FOR）で働かないかと誘われます。友和会は、さまざまな宗教の人たちで構成される平和組織です。マステはモーハンダース・ガンディー[*7]や、ガンディーがインドをイギリスから独立させるときに使った非暴力運動を高く評価していました。

新しく友和会会長となったマステは、ガンディーの非暴力主義を推し進め、全米に平和のメッセージを広める若い職員集団を作りたいと思っていました。バイヤードは青年部事務局長として精力的に全米を回って、高校や大学、青年会議や教会で話をしました。バイヤードは若い人たちに非暴力とはいかなるものかを教え、直接行動の闘い方を訓練し、平和と正義に取り組む若者の組織を各地に作りました。[*8]

1941年12月7日（日本時間の12月8日）、日本の戦闘機がハワイの真珠湾にあるアメリカ海軍の基地を攻撃し、2400人のアメリカ人が犠牲になりました。戦争はもう遠い海の向こうのできごとではありません。アメリカは正式に第二次世界大戦に参戦し、イ

A・J・マステ（左）とバイヤード。マステはバイヤードがクエーカーの博愛主義を身につけていること、演説や歌がうまいこと、教えたり計画を立てたりした経験があることを知って、バイヤードを友和会 (FOR) の職員として雇うことを決めた。

ギリス、ソ連とともに、ドイツ、イタリア、日本と戦うことになりました。自国が参戦したことで、バイヤードは平和のためにいっそうがんばろうと決意します。

用語解説および関連事項

＊6【**共産主義**】　共産主義者は私有財産を廃止し、みんなの持っている有形財産をそれぞれの必要に応じて共有にすることを要求しています。最初の共産主義国となったロシアは、1922年に、ほかのいくつかの国々とソビエト連邦を作りました。共産主義者はまた国際的な運動を起こして、アメリカ合衆国を含む全世界を共産主義化しようとしました。

＊7【**ガンディー**】　モーハンダース・ガンディーは1869年、インドに生まれました（尊敬の気持ちをこめて、「偉大な魂」という意味のマハトマと呼ばれるようになるのは40歳を過ぎてからのことです）。イギリスで法律を学んだあと、南アフリカで20年暮らし、南アフリカ在住のインド人に対する差別と闘い、非暴力直接行動という新しい闘い方を考え出します。

1914年、ガンディーは、当時イギリスの植民地だったインドに戻り、独立運動の指導者となります。ガンディーの非暴力直接行動には行進、集会、ボイコット、ストライキの活動があります。ガンディーは何度も逮捕され、ガンディーの支持者はひどく殴られたり、殺されたりもしました。

27年にわたる独立運動ののち、1947年、インドは独立を勝ち取ります。

＊8 **【非暴力の力】** クエーカーの弁護士、リチャード・B・グレッグとその著書『非暴力の力』は、バイヤードと友和会（FOR）に大きな影響を与えました。グレッグは4年間インドで暮らし、その間の7カ月を、ガンディーがアフリカに創設したアーシュラマ共同農園で過ごします。『非暴力の力』は、非暴力抵抗の心理状態について詳述し、興味のある人たちに助言しています。

その中でグレッグは、「抗議をする人が攻撃されたときにやり返すと、攻撃した人はもっと暴力を使ってもいいのだと感じる」と書いています。しかし、抗議をする人がこわがったり怒ったり、やり返したりせずに冷静に対処すれば、攻撃する人は心のバランスを崩し、驚いたり混乱したりして、どうしたらいいかわからなくなります。非暴力で抗議をする人は、やり返さないことで、抗議の理由がいかに強いものであるか、そして、攻撃している人も含めてすべての人の人間性をいかに尊重しているかを示すことができます。攻撃するためには多くのエネルギーが必要で、攻撃している人は苦痛を感じるようになります。第三者が見ている場合は特にそうです。

非暴力抵抗の目的は、攻撃する人を負かしたり、その人に恥をかかせたりすることではなく、暴力は役に立たないということや、ともに力を合わせることで問題を解決できるということを、攻撃する人にわからせることです。

7 非暴力直接行動

1942年の暑い日のことでした。バイヤードはバスに乗って、ケンタッキー州のルイビルからテネシー州のナッシュビルへ講演に出かけました。ルイビルでバスに乗り込むと、母親のひざに乗っていた白人の男の子が手を伸ばし、通りかかったバイヤードの赤いネクタイをつかみました。母親が子どもをたたきながら、「ニグロにさわっちゃだめ」と言うのを聞いて、バイヤードはショックを受けました。「それまで、そんな経験をしたことはありませんでした」とバイヤードは回想します。「だから、ぼくは後ろの座席に移って、ひとりでぼんやり座っていたんです。すると、突然、ぼくの中にわき起こってくるものがあったんです」

バイヤードは、あの母親の心ない行為を思い返して、「いったいあと何年、あの子は母親のせいで、まちがった考えを持ち続けることになるんだろう」と考えていました。黒人が人種分離された席を黙って受け入れていたら、あの子は永久に、人種分離がまちがっているということを学ばない。「ぼくはそのとき、その場で誓ったんです。ぼくは南部のバスに乗って、いくらでも逮捕されてやる、バスから放り出されてやる、抗議してやるって」

突然、勇気がわいてきて、バイヤードは席から立ち上がると、白人専用席に移動しました。運転手はバイヤードに後ろに行けと命じましたが、バイヤードは反論しました。「運転手さん、そういう法律はまちがっていると思います。もし、ぼくが後ろに座ったら、不平等を受け入れることになります」

運転手は警官を呼びましたが、バイヤードはがんとして動きません。警官が来ても、動きません。警官はバイヤードを殴り、バスから引きずり降ろし、地面に投げつけ、蹴りつけました。しかし、バイヤードは非暴力の訓練を積んでいたので、じっと動かず、何度でも蹴られるままになっていました。その後、立ち上がったバイヤードは言いました。「ぼくを殴ることはありませんよ。ぼくは殴り返さないんですから」

ほかの乗客たちが茫然と見つめる中、その警官はバイヤードを警察車両の後部座席に押し込め、殴ったり、口汚くののしったりし続け、なんとかバイヤードにやり返させようとしました。しかし、バイヤードは平然としています。警察署に着くと、警官たちはまたバイヤードを繰り返し殴り、バイヤードの服をはぎ取ると、よってたかってバイヤードを前へ後ろへと投げ飛ばしました。バイヤードは、少なくとも顔には決して恐怖の色を見せずに、「わたしは真実と正義と神に守られているんです。だから、恐れる必要はないのです」と言いました。

何をしてもバイヤードがやり返さないので、警官たちはどうしていいかわからなくなり、「こいつはどうかしている」と言った警官もいます。しかし、その様子を見ていたバスの白人乗客のひとりが、警察署に入って、バイヤードを釈放してほしいと訴えました。地方検事補はバイヤードを30分間尋問したあと、バイヤードの刑事責任は問わない決定を下し、「ラスティンさん、どうぞお帰りください」と言いました。

このできごとがあってから、バイヤードは、人種差別と闘うには非暴力の力が有効だといっそう強く確信するようになります。*9 釈放されたし、白人乗客が助けに来てくれたし、検事補はなんと「ラスティンさん」と言ったのです。当時、南部の白人がアフリカ系アメリカ人のことを「さん」付けで呼ぶことなどほとんど皆無だったのです。

バイヤードは友和会やA・フィリップ・ランドルフの「ワシントン行進」運動の仕事で、出張しては講演を続けていました。少人数の学生グループには、人種分離と闘うためにガンディーの戦術を使うよう指導し、会議に参加している何千人という聴衆には、平和と非

友和会の職員となったバイヤード（左）は若者に非暴力直接行動について教えた。

暴力を説きました。また、地方組織をいくつも作って、いっしょに非暴力直接行動で差別と闘ったり、アフリカ系アメリカ人の公民権を守れと地元政府に圧力をかけたりしました。

バイヤードは、非暴力直接行動のやり方を黒人たちに教えるのは友和会の責任だと思いました。アフリカ系アメリカ人の中には、自由や平等を求める際に暴力をふるう人もいるのではないかと危惧したのです。バイヤードの講演を聞いた人たちは、ガンディーのことを熱心に知ろうとしました。ガンディーはインドをイギリスから独立させる闘いの中で、市民的不服従という戦術を使って、議論を巻き起こしていました。

バイヤードは黒人に働きかけると同時に、白人たちの人種差別的態度を変えようともしていました。*10 簡単な方法を使いましたが、効果はてきめんでした。初めての講演旅行のときのことです。バイヤードはオハイオ州の教会の信者席に静かに座っていました。すると、講演会の主催者が集まって、講演予定者のバイヤード・ラスティンが来るのを待っていました。ひとりが、「後ろに座っているあのニグロの用務員に、教会のどこかで講演者を見かけなかったか聞いたらどうか」と口にしました。それを聞いたバイヤードは、「わたしがバイヤード・ラスティンです」と名乗りました。

そのときの主催者のひとりは、あとになってこう述べています。「わたしたちには黒人の知り合いがほとんどいなかったので、よもやバイヤード・ラスティンが黒人だとは思っていなかったのです。その晩、わたしたちは平和と人種差別について多くのことを学びました。わたしたちはもう、「元のわたしたちではなくなったのです」

人種差別の標的になったのはアフリカ系アメリカ人だけではありませんでした。日本が真珠湾を攻撃したことから、日本人移民や、アメリカで生まれた日本人の子どもたちは、多くの人たちから恐怖と疑いの目で見られました。特に西海岸ではその傾向が顕著でした。アメリカ政府は日系アメリカ人の家や仕事を奪い、日系人を内陸の強制収容所に入れました。10万人を超える日系人が強制収容所に入れられましたが、そのほとんどがアメリカ国籍を持っている人たちでした。

友和会やアメリカ・フレンズ奉仕団など、戦争や人種差別に反対する組織は活動家を送って、強制収容所に入れられた人たちを支援し、彼らが残してきた財産を守ろうとしました。ふたつの組織で仕事をしてきたバイヤードは、収容所を訪ね、収容所の状況を報告するにはうってつけの人物でした。

バイヤードはどんな人種の人も、どんな国籍の人も、たとえそれが「敵」であっても、人類という家族の一員であると信じて疑うことはありませんでした。バイヤードは出張に出かけた際、テキサスを列車で移送されていたドイツ人捕虜と出くわしたことがあります。捕虜を護送していた憲兵が、ほかの民間人乗客より先に捕虜に食堂車で食事をとらせようとしました。アメリカ人女性のひとりが、ドイツ人を優先させるとはと腹を立て、捕虜の顔を平手打ちしました。

それを見ていたバイヤードは、どんな人に対しても尊敬の念を持ち、礼儀正しく接するべきだというクエーカーの信念から、その女性に謝るよう促しました。女性がこれを拒否すると、バイヤードは憲兵に、兵士と話してもいいかと聞きました。しかし、民間人に戦争捕虜と話をさせるのは規則違反でした。そこでバイヤードは、「わたしが彼らに歌を聞かせてはいけないという規則はありますか」と尋ねました。憲兵が、「いいえ」と答えると、バイヤードは戦争捕虜のために2曲歌いました。そのうちの1曲は、『A stranger in a Distant Land（はるか異国の異邦人）』という曲でした。ほおを平手打ちされた兵士はバイヤードの肩をだき、不自由な英語でお礼を述べました。

バイヤードは高校時代に自分が言った「音楽は日々の疲れや単調さからわたしたちを救ってくれます」という言葉を、そのときも正しいと思っていました。バイヤードは講演会の終わりに、聴衆に「お静かに」と言うと、ステージの真ん中にじっと立って、感動的な霊歌やバラードを歌うこともよくありました。

「ワシントン行進」運動や友和会で数年を過ごすうちに、バイヤードは、政治的な講演をしたり、組織を作ったりするのがうまくなりました。それには、バイヤードの外見や人となりも一役買っていました。バイヤードは背が高く、ハンサムで、チャーミング、そして、聴衆のだれをも魅了する美しい声で雄弁に語りました。初めて会った人も、バイヤードの話を聞くうちに、平和や公民権の活動家になろう、どんな宗教の人とも連携しよう、街頭でも裁判所でも平和運動や人種差別をなくす運動に必要なお金を集めようという気になりました。

バイヤードにとりわけ魅了された人物がいました。デイヴィス・プラットという若い白人男性です。バイヤードは講演のためにフィラデルフィア近郊のブリンマー大学を訪れていましたが、そこでバイヤードと出会ったプラットは、当時を思い出し、「目と目が合った瞬間、体に電流が走りました」と語っています。

バイヤードは自分が同性愛者であることを確信し、それを隠さずに生きていました。バイヤードとプラットはパートナーとしての関係をスタートさせ、プラットはふたりがもっと近くにいられるようにニューヨーク市に移りました。

しかし、ふたりはすぐに別れて暮らさなければならなくなります。バイヤードの人生は大きく変わろうとしていました。

用語解説および関連事項

＊9【**暴力なき闘い**】　バイヤードと友和会はガンディーの闘い方について、クリシュナラル・シュリダラーニから学びました。シュリダラーニは、インドでガンディーとともに闘い、『暴力なき闘い』という本を書いた人物です。シュリダラーニはガンディーの非暴力直接行動あるいはサティヤーグラハ（真理の堅持、真理の主張と訳される）について、その本の中で説明しています。

　ガンディーはインドの独立運動をしていたときに、まず、法律を変えるための交渉を行いました。それに失敗すると、「世論に訴え」たり、人々を教育したりし始めます。独立運動は、やがて「社会的感染」によって広がりを見せ、どんどん大きなうねりになっていきます。ガンディーはその後、変革を強く訴えます。それでも変革が実現しないと、ガンディーとその支持者は非暴力戦術をとり、抗議したりボイコットしたり、市民的不服従を行ったりします。

＊10 **【人種間の問題を解決するための手引き】** 友和会の仕事の一環として、バイヤードは『人種間の問題を解決するための手引き――黒人と白人のあいだの緊張を緩和するためにあなたにできること』というパンフレットを書きました。バイヤードはそのパンフレットの中で、異人種間の緊張を生む理由を述べ、緊張を緩和する方法を次のようにいくつか提案しています。

・黒人が書いた、あるいは黒人に関する雑誌を定期購読する。
・異なる人種の人たちといっしょに、人種問題以外の共通の問題について勉強会を開く。
・人種に関する誤解を解き、事実の裏付けを持つ。たとえば、科学的には白人の血と黒人の血に違いはない、といったこと。
・地元の公立学校に対し、歴史の授業で黒人の英雄について教えるよう促す。
・地元紙に対して、「白人」あるいは「キリスト教徒」に限るといった求人広告を載せないよう要請する。
・黒人を「笑いもの」にしたり攻撃したりする話はしない。
・新しい議会に提出された7つの反リンチ法案のひとつに賛成票を投じるよう地元議員に要請する。
・教会内での人種差別や人種分離をやめるための活動をする。

8 戦争はまちがっている

1940年、海の向こうで戦争が激しさを増しているころ、アメリカ政府は21歳から35歳までのすべての男子に対して、徴兵委員会に登録することを課す法律を通しました。兵役に就くことは課されておらず、もしものときのために、ただ登録することだけが課されました。宗教的な理由から兵役を拒否する男子は、良心的兵役拒否者として登録することができます。その場合、良心的兵役拒否者は、武器を使わなくてすむ軍の仕事をするか、民間公共奉仕キャンプで働くか、どちらかを選ぶことができました。

1940年秋、バイヤードは地元の徴兵委員会に、クエーカーの平和主義を信じているので、良心的兵役拒否者として登録してほしいと申し出て、受理されました。

1941年、真珠湾が攻撃されると、アメリカは参戦し、数千人のアメリカ人男性が続々と志願兵となりました。軍の規模を即座に拡大するために、政府は徴兵登録の年齢を18歳から65歳に広げました。18歳から45歳までの男性は、志願しようとしまいと、徴兵される可能性があります。志願することを拒否したり、徴兵に応じなかったりした場合は、投獄されます。

バイヤードは相変わらず出張しては、非暴力や平和、正義について講演していました。若者には、たとえ投獄されても、第二次世界大戦で兵役に就くのは拒否するよう勧めました。20の州、1万マイル（約16万キロメートル）以上を回って、バイヤードは語りました。「今こそ、さらに声を大にして、何度でも言わなければならない。『戦争はまちがっている。愚かで無駄が多く、将来の進歩を阻害する』、と」

全米を回りながら、バイヤードは、兵役拒否者たるもの、どんな戦争努力に協力することもまちがっていると思うようになります。間接的に協力すること、たとえば、民間公共奉仕のキャンプで働くこともまちがっている。戦争に関する政府のどんな法律を守ることも、戦争に協力することになる。それは、「人はみな神の前に平等である」というクエーカーの基本的な信条を無視することになると思ったのです。

1943年11月13日、バイヤードは手紙を受け取ります。それは、民間公共奉仕[*11]キャンプで働き始める前の身体検査を受けるために出頭せよ、と命じるものでした。バイヤードは1940年に良心的兵役拒否者として登録したころよりも、戦争に反対する気持ちが強

「クエーカーの平和主義は義務であって、単なる誓いではない。われわれは、身の安全を保証されているわけではないが、平和主義は正しいと確信している」

——フレンド派平和委員会、
1940 年フィラデルフィア年次大会（レイス通り）

くなっていました。そこで徴兵委員会に手紙を送り、「戦争はまちがっている、徴兵はまちがっている。アメリカ人をドイツ人や日本人と分けたり、黒人兵を白人兵と分けたりすることはまちがっている。兄弟同士をばらばらにすることは道徳に反しています。してはならないことです」と、はっきりと書きました。バイヤードは、法律に違反しても身体検査に出頭しない旨を伝えます。

1944年1月12日、バイヤードは逮捕されました。しかし、自分の決定は正しいと思っていました。自分のしたことは、正義に反する法律に公然と抵抗する市民的不服従という、ガンディーの唱えた非暴力抵抗主義の行動だと信じていたのです。バイヤードはガンディーと同じように、進んで逮捕され、法律違反の罪を認めます。連邦裁判所の判事に3年の刑を申しわたされると、やはりガンディーと同じように、抵抗せずに従いました。判決から10日後、バイヤードはマンハッタン西通りにある連邦拘禁施設という刑務所に出頭します。

バイヤードは刑務所に着くとすぐに市民的不服従を実践し始め、到着後わずか2日で、看守たちから「やっかいなやつ」と言われるようになります。バイヤードは、刑務所の食堂で、人種を分けたテーブルには座りませんでした。事務所への出入りを禁じられると、わざと事務所に行って、自分の房に戻れと命じられても、居座り続けました。

10日後、バイヤードはケンタッキー州アッシュランドの連邦矯正施設という刑務所に移送されます。到着してすぐに、いたるところで人種分離が行われていることに気づきます。食堂も共有の部屋も、娯楽室も、監房すら分けられているのです。不満を感じたバイヤードはすぐに、刑務所長のR・P・ハガーマンに面会を申し入れ、このゆゆしき状況について話し合いました。

その面会のあと、バイヤードは、刑務所の人種分離についてハガーマンに手紙を書きます。それは、南部の刑務所に入れられた若い黒人の囚人がすることとしては、危険ともいえることでした。

「人は不公平に対処する場合、4つの方法があります」
❶なんの抵抗もせず受け入れる

❷なんとか回避する道を探る
❸不公平に対して非暴力で抵抗する
❹暴力を使って抵抗する

手紙を読み終えたハガーマンは、ニューヨーク市からやってきたこの若者が、アッシュランド矯正施設でのいかなる人種分離も受け入れず、また、それを回避する気もないことを知ったに違いありません。その通り、囚人番号２９０５、バイヤード・ラスティンは非暴力で抵抗すると決めていました。

バイヤードは刑務所で人種統合を求める運動を始めます。刑務所内の映画上映場に行っても、アフリカ系アメリカ人専用席には座りません。

バイヤードの次のねらいは娯楽室でした。

バイヤードのいた房では、黒人は下の階、白人は上の階と決められていて、階ごとに娯楽室がありました。バイヤードと、その友人で白人兵役拒否者のチャールズ・ブッチャーがハガーマン所長に、白人も黒人もいっしょに娯楽室を使わせてくれと頼むと、ハガーマンは、試しにやってみたらいいと言いました。

しかし、上の階の娯楽室に行ったアフリカ系アメリカ人はバイヤードだけでした。バイヤードが来たことをおもしろく思わない白人囚人もいました。その中のひとり、イーラム・ハドルストンは、おまえの顔を娯楽室でまた見るようなことがあれば、ぶん殴ってやる、とバイヤードを脅しました。

次にバイヤードが白人用の娯楽室に行くと、ハドルストンはその言葉どおり、脅しを実行に移しました。木の棒をつかんで、バイヤードの頭、鎖骨、手首をこれでもかと殴りました。その結果、棒も折れましたが、バイヤードも手首を骨折しました。バイヤードの仲間がハドルストンを止めようとすると、バイヤードは「止めるな」と言って、いくら殴られても、殴り返しませんでした。

ハガーマン所長は、バイヤードがハドルストンに暴力で応酬しなかったことをたたえました。所長がバイヤードをたたえたことで、黒人囚人が一目置かれるようになります。暴力をふるわれた良心的兵役拒否者が非暴力で正義を勝ち取ろうとした姿勢も称賛されるようになりました。所長は、バイヤードとチャールズ・ブッチャーのいる房を人種統合しようかと思うと述べました。バイヤードの闘いは前進していました。

バイヤードは獄中にあっても非暴力の抵抗を続けるだけでなく、人種統合をめざして休みなく活動していました。白人囚人に歴史を教えたり、音楽の才能を生かして、人種混合のキャスト51人によるオペレッタを上演したりしました。また、刑務所内の教会で、人種混合の合唱団を作り、ヨーロッパ系アメリカ人、アフリカ系アメリカ人、それぞれに古くから伝わる曲を演奏したりしました。

バイヤードは自分自身の音楽の才能にも磨きをかけ、デイヴィス・プラットにもらったマンドリンを独学で弾けるようになりました。バイヤードが収監されているあいだも、ふたりの関係は続いていたのです。同性愛は法律違反だったので、手紙にお互いのことを書くときには、プラットをマリーとして書くことがよくありました。バイヤードはプラットに、「ぼくの手紙は、ぼくの心の栄養みたいなもので、手紙に代わるものがあるとしたら、それは君に会うことしかない」と書いています。

祖母のジュリアも、バイヤードを元気づけようと「おまえは神のご加護を受けている。家族はみんな今もおまえを愛し続けている」と、手紙を書いてバイヤードを励ましました。ジュリアは看守にも手紙を書いて、孫に親切にしてほしい、さもないと、まちがいなく神の報いを受けることになると警告しています。

次第に刑務所での人種分離撤廃をめざすバイヤードの努力は報われ始めます。プロテスタント教会の礼拝に、黒人と白人がいっしょに座ることが許され、食堂の従業員も、黒人と白人がいっしょに座り、運動も黒人と白人がいっしょに行うようになったのです。

次の目標は食堂の人種分離をなくすことでした。バイヤードはハガーマン所長に、食堂のテーブルも人種統合してほしい、違う人種の人と座りたい人には、いっしょに座らせてほしいと頼みました。また、バイヤードとブッチャーのいる房全体を人種統合してほしいとも強く要望します。

しかし食堂と居住区を人種統合するというバイヤードの計画は、1944年秋、突如ストップしてしまいます。刑務所当局が、バイヤードが男性囚人同士のスキンシップを禁じた法律を破ったと言ったからです。バイヤードは看守に独房に閉じ込められてしまいます。仲間と離れては、計画は実行できません。バイヤードは計画を中止せざるをえなくなり、その後数カ月、悶々《もんもん》としながら暮らします。

バイヤードの監督者にあたる友和会のA・J・マステは、こうした事態を苦々しく思いました。もし、バイヤードが同性愛者だといううわさが流れたら、友和会の活動が危うくなります。そこでマステはバイヤードに、プラットと別れて女性と、たとえばバイヤードに恋しているクエーカー活動家のヘレン・ヴィネモアとでもつき合ったらどうかとすら勧めました。

バイヤードは苦しんで、プラットに手紙を書きます。「ぼくの心はマリー（プラットのこと）に強くひかれている。頭ではわかってるんだ、別の解決法を見つけなくちゃいけないって。だって、このままいったら、天職ともいえる仕事をなくすことになるんだから」。バイヤードは耳を澄まして心の声を聴きます。性の好みはぼくの人格の一部だ。これを捨てたら、自分が自分でなくなる。バイヤードはプラットとの関係を続けることにしました。マステは深く失望しました。

バイヤードは、アッシュランド刑務所で人種統合を求める闘いを再開することはできませんでした。人種分離をやめさせる闘いも、初めのころのようにはうまくいきませんでした。ペンシルベニア州ルイスバーグの別の刑務所に移送されることになったからです。

バイヤードがペンシルベニア州に移送されて1週間もたたないうちに、世界の向こう側で起こったことが、再びバイヤードの人生を変えることになります。アメリカ軍の戦闘機が日本の広島と長崎に原子爆弾を落とし、ふたつの市を合わせて10万人とも20万人ともいわれる人たちが犠牲になったのです。女性も男性も子どもも命を落としました。無数の人が亡くなっただけでなく、家も学校も神社も寺も破壊され、あたり一帯が廃墟《はいきょ》と化しました。そのおぞましい光景に世界じゅうの反戦主義者が戦慄《せんりつ》しました。１９４５年9月3日、日本が降伏し、第二次世界大戦は終わります。

原爆投下後すぐにマステは刑務所にバイヤードを訪ね、行いを慎んで早く出所しなさいと励まします。バイヤードはうなずいて、翌日、ルイスバーグの刑務所長に手紙を書き、「今後は刑務所での人種統合をめざす闘いはやりません。刑務所の外で、わたしを待っている仕事があるからです。アメリカ国民の目を原子爆弾の危険性に向けなければならないのです。もし、和平への道筋がつかなければ、人類は原子爆弾によって全滅するしかないのです」と伝えました。

バイヤードはおとなしくしていました。そして、1946年6月11日、世界じゅうの人たちの先頭に立って、平和をめざして邁進《まいしん》する決意をさらに強くして出所します。

用語解説および関連事項

＊11【民間公共奉仕（CPS）】　良心的兵役拒否者（CO）で、宗教的な理由に基づいて、軍事行動に参加することに反対している人は、無償で民間公共奉仕を行い、「国家の重要な」仕事に従事することができました。最終的には、教会の支援する民間公共奉仕キャンプは全米に152できました。良心的兵役拒否者はキャンプで、土壌の保全、植林、消防活動などをしたり、精神病院の看護助手として働いたり、医学実験の被検者になって、飢餓状態を体験したり、マラリアや肝炎に意図的に感染したりしました。

9　ジム・クロウのバス

自由の身となったバイヤードは、デイヴィス・プラットのいるニューヨーク市のアパートに戻り、ふたりはそこで一年ほどいっしょに暮らしました。しかし関係をこれ以上続けられないことがわかると、話し合って別れることにしました。

バイヤードは友和会の仕事に復帰します。上司のA・J・マステに、全米を講演して回るように指示され、数年にわたって大学や教会、クラブを訪ね、核戦争の脅威について、また、平和と人種間の友和を構築する必要性を説いて回りました。高校時代に雄弁術を習ったことが大いに役立ちました。バイヤードについて、友人で友和会の同僚ジョージ・ハウザーは「みな涙を流しながら聞いていました。バイヤードはだれからも好かれ、想像力が豊かだったので、どんな人とも話ができ、親しくなれたのです」と回想しています。

バイヤードは戦争反対を訴えるだけでは満足できず、第二次世界大戦の余韻が残るこの時期だからこそ、アメリカの軍備拡張に反対する大規模な直接行動を友和会に主導してほしいと思いました。友和会の指導部は躊躇《ちゅうちょ》しましたが、バイヤードは意見交換会を開き、若者に、軍の登録証を焼き捨てよと呼びかけました。また、バスでの人種分離に反対する、これまでにない大規模な直接行動を計画し始めます。

1942年、バイヤードは白人専用席に座って、殴られたり逮捕されたりした経験がありました。その4年後、アメリカ連邦最高裁判所は、モーガン対バージニア裁判[*12]で、「州間バスにおける人種分離は憲法に違反する」という決定を下しました。しかし、いくら裁判所の決定が下されても、実際に人種分離がなくなるかどうかは別問題です。バイヤード・ラスティンとジョージ・ハウザーは、バス会社が裁判所の決定に従うかどうか確かめることにしました。

ふたりは、人種混合チームを作ってバスに乗り、南部の各州を巡る計画を立てます。アフリカ系アメリカ人は前の座席に座り（普通、前の座席は白人乗客用と決まっていた）、白人は前か後ろどちらかに座る（普通、後ろの席は黒人乗客用と決まっていた）。もし運転手が、黒人は後ろに行けと言っても、黒人は席を移動せず、白人は黒人を援護する。しかし、絶対に暴力はふるわない。

バイヤードとハウザーは、全米のアフリカ系アメリカ人指導者にこの計画を送りました。

たいていの指導者は計画をたたえましたが、全米黒人地位向上協会のサーグッド・マーシャルは、もろ手をあげて賛成することはできませんでした。

マーシャルはアイリーン・モーガンの弁護士を務めていた人物で、アフリカ系アメリカ人弁護士として、これまでも南部における人種間の平等を実現するために活動してきました。その前の年には、テネシー州での重要な裁判で勝訴したあと、白人の暴漢に襲われてリンチされそうになった経験があります。

マーシャルはバイヤードとハウザーに、南部でもいちばん危険なディープサウスには行くな、白人を刺激するな、そうでなくてもアフリカ系アメリカ人が憲法で保障された権利を行使することに腹を立てているのだから、と忠告しました。マーシャルが恐れていたのは、ふたりの計画に憤慨《ふんがい》した地元当局が暴力で応酬し、「何百人もの若者が投獄されたり、何十人もの死者を出したりしたあげく、たいした成果もなく、得られるのは、われわれが現在最小限の被害で手にしている多少の宣伝効果だけという結果に終わること」でした。

バイヤードとハウザーは計画を練り直し、ディープサウスは避け、アッパーサウス（バージニア州、ノースカロライナ州、テネシー州、ケンタッキー州）だけに地域を限定しました。マーシャルはそれを受けて、「和解の旅」と称するその計画を認めることにしました。

1947年4月9日、非暴力直接行動の力を信じる黒人白人合わせて15人の男性がグレイハウンドバス（アメリカ最大のバス会社で、長距離バスを多数運行している）とトゥレイルウェイズバス（数十の小規模バス会社を統合し、全米に運行網を持つ）に乗り込みました。

15人にとって緊張の一日が始まりました。全員がサーグッド・マーシャルの心配はもっともだと思っていました。自分たちの行動が地元の乱暴者を刺激して、殴られるかもしれません。最悪の場合、殺されることもありうるのです。恐ろしくはあるけれど、絶対に暴力はふるわないと決意して、15人は首都ワシントンからバスに乗り、バージニア州リッチモンドをめざしました。

最初の区間では暴力事件は起こりませんでした。オブザーバーとして参加していた人たちはひとりで座り、15人の活動家たちは白人と黒人いっしょに、バスの前にも後ろにも座って、運転手や乗客たちに最高裁判所の決定や、万一緊張状態になった場合、緊張を和らげる方法について教える準備をしていました。

ノースカロライナ州に入ると、恐れていたことが現実のものとなりました。バイヤードはブラックストーンとオックスフォードの2カ所で、逮捕すると脅されました。しかし、

バージニア州リッチモンドのS・W・ロビンソン弁護士事務所前にならぶ「和解の旅」のメンバーの一部。左から、ワース・ランドル、ウォレス・ネルソン、アーネスト・ブロムリー、ジェイムズ・ペック、アイガル・ルーデンコ、バイヤード・ラスティン、ジョー・フェルメット、ジョージ・ハウザー、アンドリュー・ジョンソン。　© Everett Collection / アフロ

いずれの場所でも投獄されずにすみました。別のバスに乗っていたアフリカ系アメリカ人のコンラッド・リンは、ノースカロライナの州都ローリーに向かう途中で、逮捕され投獄されました。ダラムの町に入って、バイヤードとほかのふたりの活動家も逮捕されましたが、告発されることなく釈放されました。

活動家たちはチャペルヒルに着くと、長老教会牧師で友和会の一員でもある白人牧師のチャールズ・ジョーンズ師に出迎えられました。一行は町で公開討論会を開き、モーガン裁判の判決について、また、非暴力直接行動や人種間の平等についても話し合いました。話し合いは好評でした。翌朝、4月13日、一行がノースカロライナ州チャペルヒルから同州グリーンズボロへ向けて出発しようとしていたとき、白人の人種分離主義者が行動を起こしました。

グレイハウンドバスの前の席にならんで座っていた白人のジョー・フェルメットと黒人のアンドリュー・ジョンソンが、出発前に逮捕されたのです。フェルメットは体ごとバスから放り出されました。バイヤードと白人のアイガル・ルーデンコが、逮捕されたふたりの席に移ったとたん、やはり逮捕されました。白人活動家のジェイムズ・ペックが、逮捕された仲間の様子を警察署に見に行くと、近くのタクシー乗り場から白人運転手がすでに大勢集まってきていました。ペックが再びバスに乗り込もうとすると、白人のタクシー運転手のひとりが、ペックの頭を激しく殴り、「よくも南部までニグロをたきつけに来たもんだ！」と吐き捨てるように言いました。ペックは血を流して倒れました。

ジョーンズ師は、流血事件のことを知るとすぐに警察署に急ぎ、保釈金を払って、逮捕されていた活動家たちを自宅に連れ帰りました。タクシー運転手の一団も2台のタクシーに分乗してついてきて、牧師の家の前に車を止めると、棒や石を手に車から降りました。

ジョーンズ家には次々と脅しの電話がかかってきました。電話に出た夫人は、「活動家をリンチしてやる。おまえたちの家を全焼させてやる」と脅されました。暴徒に家を取り囲まれると、夫人は2人の子どもを連れて逃げ出しました。活動家たちは恐怖を感じましたが、石が投げられ、一階の窓ガラスが割られても、暴力は使わないと心に誓って、体を寄せ合い、次の策を練りました。

やがて白人警官が到着しました。警官は暴徒を逮捕することはありませんでしたが、暴力をやめさせ、おびえる活動家たちを数台の車に乗せて、無事にグリーンズボロまで送りました。

逮捕は続きましたが、チャペルヒルでのように命に危険が及ぶようなことはありません

ジム・クロウのバスに乗らなくていいんだ、
そうさ、乗らなくていいんだ。
黙って逮捕されるんだ。
全米黒人地位向上協会が裁判に持ち込んでくれる。
もうジム・クロウのバスになんか乗らなくていいんだ。

いつかきっと、みんな自由になれる。
そうさ、いつかきっと、みんな自由になれる。
団結して行動すれば、潮の流れが変わる。
黒人も白人もならんで座れる
そうさ、いつかきっと、みんな自由になれる。

　バイヤード・ラスティンとジョージ・ハウザーは「和解の旅」での経験を歌にした。

ジム・クロウ*[13]のバスになんか乗らなくていいんだ、
そうさ、乗らなくていいんだ。
6月3日、裁判所の決定が出たじゃないか
州間バスではジム・クロウは死んだのさ。
もうジム・クロウのバスになんか乗らなくていいんだ。

バスに乗るとき
バスに乗るとき、
乗ったら、どこに座ってもいいんだ
アイリーン・モーガンは裁判に勝ったんだから。
もうジム・クロウのバスになんか乗らなくていいんだ。

もうどの席にも座れる
もうどの席にも座れる
好きなところに座れる、もう文句を言わなくていいんだ。
落ち着け、きょうだい、おまえの主張は正しい。
もうジム・クロウのバスになんか乗らなくていいんだ。
運転手が「移れ」と言っても
運転手が「移れ」と言っても
運転手が「移ってください」と言ったとしても
そのままそこに座ってるんだ、おまえはまちがっていない。
もうジム・クロウのバスには乗らなくていいんだ。

でした。バイヤードもほかの活動家たちも、4月22、23日にバスが首都ワシントンに着くと、ほっとして家路につきました。

この歴史的な「和解の旅」によって、州間バスにおいては、いまだに白人乗客と黒人乗客を分けて座らせる違法な習慣が続いていることが明らかになりました。アフリカ系アメリカ人記者がバスに同乗したことで、活動家たちはモーガン裁判の決定をアッパーサウスの4州だけでなく、それ以外の地域にも広く知らせることができました。

このときの15人の活動家たちは、「自由を求めて最初に乗車した人たち」の意味で、「ファースト・フリーダム・ライダー」と呼ばれるようになります。ファースト・フリーダム・ライダーたちは、多くの人たちに最高裁判所の決定を知らせ、暴力にもひるむことなく勇敢だったことから、ほかの人たちにも、人種分離に断固として立ち上がる勇気を与えました。

「和解の旅」から8年後、ローザ・パークスは、アラバマ州モントゴメリで人種分離されたバスに乗り、白人乗客に席を譲ることを拒否しました。14年後には、白人黒人の男女がいっしょになって「フリーダム・ライド（自由を求める乗車）」と呼ばれる同様の旅に出ました。今度はディープサウスを走る旅で、フリーダム・ライダーたちは殴られ、逮捕され投獄されて、全米メディアの注目を浴びます。

白人政治家はフリーダム・ライダーたちに怒り、公民権に深い関心のある一般市民は、フリーダム・ライダーたちが暴力をふるわれ逮捕されたことに怒りました。「和解の旅」に参加した活動家たちは、新しい直接行動の波に拍車をかけ、それによって、やがて全米が南部諸州に対して、モーガン裁判の決定を守り、交通機関における人種分離をやめるよう迫る道を開いたのです。

＊12【モーガン対バージニア裁判】　１９４４年７月、アフリカ系アメリカ人で27歳のアイリーン・モーガンは、バージニア州にいる母親を訪ねた帰り、グレイハウンドバスに乗って、メリーランド州バルチモアの自宅に帰ろうとしていました。バスが混み合ってくると、運転手はモーガンに、白人の乗客に席を譲れと迫りました。モーガンが拒否すると、副保安官がモーガンを逮捕しようとしたため、モーガンは抵抗しました。数年後、モーガンは回想しています。「副保安官がわたしに手をかけて逮捕しようとしたので、わたしは足で蹴ったのです……それからかみつこうとしたのですが、体が汚れているように見えたので、かみつくことはできず、服をひっぱって破ることしかできませんでした」

モーガンは、逮捕に抵抗したことについては罪を認めましたが、バージニア州の人種分離法に違反したとして科せられた罰金を払うことは拒否しました。全米黒人地位向上協会はモーガンにサーグッド・マーシャル弁護士をつけ、罰金を不服として上訴しました。モーガンの訴訟は最高裁判所まで行き、１９４６年６月３日、バイヤードがルイスバーグ刑務所を出る８日前に、「州をまたいで移動する乗客に対して、各州がそれぞれの州の人種分離法を乗客に適用するのは憲法に違反する」という判決が出されました。のちに黒人初の最高裁判所判事となるマーシャルは、「今こそ全米のありとあらゆる人種分離を終わりにする時だ」と述べています。

＊13【ジム・クロウ法】「ジム・クロウ」とは、１８００年代に流行したミンストレル・ショーと呼ばれる演芸ショーで、笑いものにされるアフリカ系アメリカ人の登場人物の名前です。俳優たちはみな白人で、顔を黒く塗ってアフリカ系アメリカ人のなまりなどをからかうように、歌ったり踊ったりしました。白人のほうが黒人より優れていると信じる白人が、南北戦争後すぐにジム・クロウ法と呼ばれる人種差別法を作り、アフリカ系アメリカ人に暴力をふるう習慣

ができました。人種差別は法律で認められていたのです。

そうした法律や習慣によって、墓地、刑務所、図書館、バス、そして、列車でも人種の分離が行われました。学校、教会、病院、待合室、水飲み場、そしてトイレも分けられました。黒人用の施設はどれも白人用の施設と比べると格段に質の悪いものでした。異なる人種の人との結婚は法律で禁じられていましたし、アフリカ系アメリカ人の投票権はないも同然でした。

アフリカ系アメリカ人は白人に服従しなければなりませんでしたし、黒人男性と白人女性のいかなる交流も許されていませんでした。体に触れることも話すことも、ただ見ることさえ禁じられていたのです。ジム・クロウ法を破れば、逮捕されることもありましたし、それだけではすまないこともありました。明文化されていようといまいと、ジム・クロウ法を守らせるために、白人はリンチ（大勢の人が残忍な方法で殺害すること。たいていは首つりをさせた）をちらつかせて、黒人を脅しました。

1835～40年頃に描かれたジム・クロウの図
Library of Congress
「ジム・クロウ」とは「カラスのジム」ということ。
https://bsrmag.com/special/talking_about_the_blues_02/
【特集：伝えておきたいブルースのこと】②ジム・クロウ・ブルース

10 人種差別のある軍隊

「和解の旅」は終わりましたが、逮捕された町でまだ裁判を継続している活動家もいました。ノースカロライナ州チャペルヒルで逮捕されたアンドリュー・ジョンソン、ジョー・フェルメット、アイガル・ルーデンコ、そしてバイヤード・ラスティンの4人は、ノースカロライナ州のバスの座席に関する法律に違反したとして有罪判決を受けます。ジョンソンは罰金を科され、ほかの3人はチェイン・ギャングの刑を申しわたされました。

「和解の旅」で有罪判決を受けたのはこの4人だけでした。逮捕されたほかの人たちは全員、不起訴となるか、訴えを棄却されるかのどちらかだったのです。バイヤードをはじめ有罪となった人たちは、刑に服さなくてもすむのではないかと思っていました。全米黒人地位向上協会の弁護士たちが、上訴の手続きをしていたからです。結果が出るには数年かかることもありますが、バイヤードはその間もじっとしてはいませんでした。やらなければならないことがあったのです。

バイヤードはいつでも、どこでも、人種差別に抵抗し続け、列車の食堂車で、白人専用席に座ったりもしていましたが、そのときいちばん注目していたのは、ワシントンでの動きでした。第二次世界大戦は終わったのに、ハリー・S・トルーマン大統領と議会は徴兵を続けたいと考えていたからです。軍隊は相変わらず人種分離されたままです。こうした動きは、戦争や不平等を助長するもので、クエーカーのバイヤードは我慢なりませんでした。

バイヤードは「和解の旅」にいっしょに参加したジョージ・ハウザーや、「ワシントン行進」運動を続けていたA・フィリップ・ランドルフとともに、平時徴兵を阻止し、軍隊における人種分離をやめさせる活動を始めます。

ランドルフをはじめとするアフリカ系アメリカ人指導者は、1948年3月、大統領と面会します。ランドルフは大統領に、「黒人たちは戦うことにも、再び人種差別のある軍隊に徴兵されることにも怒っています」と述べました。バイヤードやランドルフたちは抗議のために、「国のために死ななければならないのなら、差別された奴隷としてではなく、せめて自由の身で死なせてくれ」といったようなことが書いてある看板を手に、ホワイトハウス前を占拠しました。ランドルフは演説を行い、「黒人兵よ、自由を愛する白人兵よ、抗議のために銃を置いてくれ」と呼びかけました。

こうした抗議活動や演説を行ったにもかかわらず、1948年6月24日、トルーマン大統領は、軍隊の人種分離はそのままに、新たな平時徴兵法案に署名しました。

バイヤードとハウザーは強い憤りを感じました。ふたりは抗議行動を計画し、街頭で集会を開いて、若者たちに、兵役に就くくらいなら刑務所に入ろうと呼びかけました。一方でランドルフは、「人種差別のある軍隊に反対し、牢屋《ろうや》で野垂れ死にする」覚悟はできていると決意表明しました。

1948年7月26日、平時徴兵反対運動が軌道に乗り始めたころ、トルーマン大統領は、「人種、肌の色、宗教、出身国にかかわらず、すべての兵士に平等な待遇と機会を保障する。この政策はすみやかに実施されるべし」という大統領令を出します。

バイヤードは、はたしてそのとおりになるか疑わしいと思いました。モーガン対バージニア裁判の決定で、バスでの人種分離がすぐには終わらなかったのと同様に、いくら大統領令が発令されても、軍の指導部がすぐに人種分離をやめるとは思えません。

しかし、ランドルフはトルーマンの気持ちが変わったことを歓迎し、計画していた市民的不服従を取りやめました。ランドルフの決定に怒ったバイヤードは、闘いをやめたランドルフを非難する文書を公表し、抗議行動を計画して、ニューヨークで街頭集会を開きました。集まった300人以上の人たちが、徴兵と人種分離に抗議しましたが、バイヤードと仲間のジム・ペックは、治安を乱したとして、その場で逮捕されてしまいます。

15日間の服役中に、ランドルフから厳しく批判されたバイヤードは、自分の人種分離反対運動はうまくいっていないとさとり、頓挫《とんざ》もやむなしと判断しました。闘いからの撤退は耐えがたいものでした。意見の相違から、ふたりの関係は損なわれ、修復には一年以上がかかりました。しかし、バイヤードの予想は的中し、実際に軍隊での人種分離が終わったのは数年後のことでした。

自国に失望したバイヤードは、再び世界に目を向けます。1948年10月1日、バイヤードは出所するとすぐに、客船クイーン・メアリ号に乗って、大西洋をわたり、イギリス、フランス、そしてインドへと、7週間の旅に出ました。

インドに同行したのは、イギリスの著名な平和主義者で、国際友和会の指導者ミュリエル・レスターでした。モーハンダース・ガンディーの指導のもと、インドは非暴力革命に成功し、1947年、イギリスから独立を勝ち取っていました。しかし、その勝利からまもなくガンディーは暗殺されます。ガンディーがほかの宗教にあまりにも寛容だと思い込んだヒンドゥー教徒に撃たれたのでした。

バイヤードは、モーハンダース・ガンディーの息子デーヴダース・ガンディーなど、インドの非暴力の指導者たちに招待されてインドを訪ねたのですが、インドではすでに非暴力や平和主義に対する関心が薄れていることを知り、がっかりします。インドの新しい政治的指導者たちは巨大な軍事力を持つこと、独自の徴兵制を始めること、地域の、そして世界の大国として認められることに熱心で、かつての支配者イギリスの模倣をしているとしか言えませんでした。こうした未来像は、ガンディーの、着実に、謙虚に、政治力を行使する方法とは相いれないものでした。

バイヤードは居心地の悪い、妙な気分を味わいながら、かつてガンディーを支持していた人たちに、時代は変わっても、非暴力の重要性は変わらないと話しました。

バイヤードが、ガンディーの戦術を用いて、アメリカで人種差別と闘っていると話すと、聴衆は心打たれました。バイヤードがインドで温かく迎えられたのは、バイヤードが郷に入っては郷に従えの精神で、インドの食べ物を食べ、ガンディーの支持者が織った手作りの衣装を身に着け、インド式のあいさつをしようと心がけたからでもあります。バイヤードは握手をするのではなく、指を上に向けて、手のひらを胸の前で合わせると、かすかに頭を下げて、「ナマステ」と口にしました。ナマステは、「あなたの中におられる神様に敬意を表します」という意味で、インドのヒンドゥー教徒やほかの宗派の人たちに一般的に用いられているあいさつです。

バイヤードはインド滞在を満喫し、ネルー首相ら有力な政治家ばかりではなく、不可触選民（アンタッチャブル）と呼ばれる下位カーストの人たちとも会いました。彼らは不潔だとされ、ほかの人には与えられている権利が与えられていませんでした。旅は大成功で、バイヤードは非暴力の力を再認識し、ガンディーの大衆行動という戦術をアメリカでの社会正義を求める闘いに使っていこうと強く決意しました。

バイヤードは帰国の途につきましたが、アメリカで待っているもののことを考えると、熱い思いもなえてしまいます。ノースカロライナ州の最高裁判所は、「和解の旅」の途中で逮捕されたバイヤードにようやく判決を下しました。バイヤードは鎖につながれることになります。

11 鎖につながれて

バイヤードは再び刑務所に入り、1949年3月の終わりに、30日の刑に服し始めます。1947年「和解の旅」の途中、ノースカロライナ州で逮捕されたライダーたちはみな上訴しましたが、上級裁判所判事は、バイヤードにはモーガン対バージニア裁判で最高裁が出した決定は適用されないという決定を下しました。逮捕された日にバイヤードが乗っていたのは、州間バス（州をまたいで走るバス）ではなく、州内バス（州の中を走るバス）で、出発地のチャペルヒルも目的地のグリーンズボロも、ともにノースカロライナ州の町であった、というのが判決の理由でした。

バイヤードはいっしょに逮捕されたライダーとともに州の最高裁判所に上訴しましたが、訴えは却下され、バイヤードは刑に服さなければならなくなりました。過去にも何度も投獄されていましたが、チェイン・ギャングの刑は初めてです。バイヤードは新聞記者に、「重労働はきついと思うが、そんなにひどい扱いは受けないと思う」と語っていました。しかし、その考えは甘いものでした。

バイヤードはノースカロライナ州ロックスボロにある、アフリカ系アメリカ人用の政治犯収容所に入れられました。ゴキブリの駆け回る居住区の床は泥だらけで、入りきれないほどの囚人がひしめき合い、悪臭が漂っていました。収容所にいるあいだ、夜、まともに寝られたことなど一度もないと、バイヤードはそのときのことを語っています。

労働環境も劣悪で、バイヤードはほかの囚人たちと鎖でつながれ、道路工事をさせられました。炎天下で1日10時間、石を砕いたり、溝を掘ったりするのです。見張りは重武装していたので、近くの森に逃げ込むこともできません。

見張りは暴力を使って、囚人を脅します。囚人の足に向けて発砲し、囚人を「躍らせる」こともあります。こん棒や皮のムチ、足先が鋼鉄でできた長靴で、囚人をぶったり蹴ったりもします。バイヤードの出会ったチェイン・ギャングのひとりは、2週間独房に入れられ、1日たった3枚のクラッカーでしのがなければならなかったそうです。看守は囚人たちの腕を独房の格子に鎖でくくりつけ、何時間も、ときには何日も腕を宙ぶらりんにしておくこともありました。それは、明らかな拷問です。

こうした扱いに、たいていの囚人は看守に怒り、憤慨していました。バイヤードは、人

ロックスボロー政治犯収容所の一日

5:30－ 7:00	起床 ベッドメイク 洗顔 朝食：砂糖・ミルク抜きのオートミール、焼いたボローニャソーセージ、煮リンゴ、コーヒー
7:00－12:00	5時間の重労働　あいだに15分の喫煙休憩1回
12:00－12:30	昼食：豆料理、脂身ベーコン、糖蜜、トウモロコシパン
12:30－17:30	5時間の重労働　あいだに15分の喫煙休憩1回
17:30－18:30	夕食：キャベツとゆでたジャガイモ、または、マカロニと煮トマト 日曜日の夕食：コンビーフ、野菜、リンゴの焼き菓子
18:30－20:30	宿舎に監禁
20:30－ 5:30	就寝

間の尊厳を大事にするクエーカーの教えを信じていましたし、非暴力の訓練も積んでいたので、試しにほかの人とは違ったことをしてみることにしました。

「わたしは、いっしょに仕事をする囚人たちのだれよりも自ら進んで、一生懸命働くようにしました。そして、できるかぎり礼儀正しく、親切にしました」。バイヤードの努力は報われます。バイヤードと「ジョーンズ班長」（囚人労働者を監督していた人物）は、「互いに立場の違いはあれ、ともに働き、学び合うことができるとわかったのです」。釈放される直前に、バイヤードは、「ジョーンズの班で働けてしあわせだった、ソーダやおやつをありがとう、早く風邪が治りますように」と伝える手紙をジョーンズに送ってさえいます。

チェイン・ギャングは残酷で異常な刑で、憲法に違反するだけでなく、囚人の人間としての尊厳や精神をひどく傷つけるものだと、バイヤードは思いました。

バイヤードは声を上げないわけにはいかず、ニューヨークに戻るとすぐに、『チェイン・ギャングとしての22日間』と題する記事を書き、主要な2紙――ニューヨーク・ポスト紙とアフロ・アメリカン紙――に寄稿しました。その記事には、チェイン・ギャングがいかに非人間的なものであるかが書かれていました。その結果、ノースカロライナ州のチ

1900年から1906年に撮影された南部のチェイン・ギャング
(一本の鎖につながれ、重労働をさせられた囚人たち)。

エイン・ギャングは廃止されました。クエーカーはずっと以前から、囚人虐待と闘い、刑罰や復讐《ふくしゅう》ではなく、更生や社会復帰に重きを置いた人道的な制度を求めてきましたが、バイヤードの取り組みもまた、この流れの中にあるものでした。

列車はいつか必ず操車場に戻る。
おれもなんとしたってここを出る。
おれはうちに帰るのさ、こんな牢屋に長居は無用さ。
おれの刑期は終わりだ、こんな鎖とはおさらばよ。

——アルバム『チェイン・ギャング』収録の『うちに帰るぜ』より

肩には鎖、足には足かせ。
班長に呼ばれたら、ぐずぐずせずに立ち上がれ、さもないと、殴り倒されるぞ。
聞こえてくるぞ、気をつけろ、気をつけろと歌う声が。
だれに歌ってるんだ？　おまえにだよ!

きたない独房の板で寝ろ。
死んで地獄に行くよりましさ。
聞こえてくるぞ、気をつけろ、気をつけろと歌う声が。
だれに歌ってるんだ？　おまえにだよ!

——アルバム『チェイン・ギャング』に収録の
『だれに歌ってるんだ？　おまえにだよ!』より

1940年にバイヤードは「ジョシュ・ホワイトとカロリニアンズ」とともに、『チェイン・ギャング』というアルバムを出しました。そのときには、よもや自分が鎖につながれて服役する日が来るとは思ってもいませんでした。

おいらの手には9フィートのシャベルと4フィートのつるはし。
おいらの手には9フィートのシャベルと4フィートのつるはし。
おいらは牢屋で、この歌うたってる。

つるはしとシャベルを使ってりゃ、遊ぶわけにはいかないさ。
ほんとうの男はへこたれないぜ。
おいらはばかみたいに一日じゅう、シャベルで道を造ってるんだ。
いいか、おまえ、こんなこと学校じゃ教えてくれないぜ。
——アルバム『チェイン・ギャング』収録の
『9フィートのシャベル』より

おれはいつだって牢屋暮らし、肌の色が黒いからさ。
やつらは、おれが白人を殴ったとほざいて、おれを牢屋にぶちこんだ。
やつらはおれに、まともな裁判も受けさせない。
判事は言ったさ、「へい、そこの黒人、40年の刑!」
——アルバム『チェイン・ギャング』収録の『刑罰』より

12 非暴力に定評のある人物

ニューヨークに戻ったバイヤードは、核兵器の危険性を訴える活動を再開します。それは、アメリカが落とした原子爆弾が広島と長崎に甚大な被害をもたらした1945年以来続けている活動でした。1950年、核戦争の脅威はさらに高まっていました。核兵器が拡散しただけでなく、米ソの冷戦*[14]による緊張が増していたことにもよります。

バイヤードがいくら平和や非暴力のメッセージを伝えたくても、なかなか伝わらなくなります。冷戦によって、多くのアメリカ国民が、アメリカはソ連に征服されるのではないか、アメリカ人の暮らしは破壊されるのではないかと恐れるようになっていたからです。赤狩りと称される反共運動、マッカーシズム*[15]でアメリカ国内はヒステリー状態に陥っていました。アメリカ人は恐怖で縮こまり、ソ連をねらう原子爆弾を増産するという政府の方針に反対することはおろか、疑問に思うことすらなくなったと、バイヤードは感じました。

バイヤードは、手紙や電報、演説だけでは不十分だ、直接行動で運動することも必要だと考え、核兵器工場の前の地面に寝転んではどうかと提案しました。必要な部品の搬入を阻止するためです。バイヤードは友和会の全スタッフが逮捕されるまで抗議を続けるべきだと考えましたが、指導部の賛成は得られませんでした。

バイヤードをはじめ、過激な反戦論者たちは、首都ワシントンでの「平和を求める断食」週間に、ハンガーストライキを実行しました。国防省の建物やソ連大使館の前で、無言の監視活動も行い、米ソ両「超大国」は核の脅威に対する責任をとるべきだと主張しました。また、アメリカが朝鮮戦争に介入していることにも抗議しました。

核拡散をくい止め、朝鮮戦争を終わりにするためのアメリカでの運動は失敗に終わり、バイヤードは再び、世界のほかの地域に目を向けます。

南アフリカでは、アフリカ民族会議（ANC、南アフリカの黒人が平等の権利を得られるよう活動している政党）がネルソン・マンデラを中心にアパルトヘイト[*16]に抗議して非暴力の抗議集会を計画していました。ガンディーも1893年から1914年まで南アフリカで、非暴力直接行動をして差別と闘っていました。バイヤードとハウザーは、南アフリカでの非暴力の闘いを支援する方法を考え始めます。

1952年8月、バイヤードはアフリカに出向き、当時まだイギリスの植民地だったゴールドコースト（現在はガーナの一部）とナイジェリアを訪れます。黒人指導者たちが、イギリスから独立するために、政治的な運動を展開していたからです。いったん帰国したバイヤードはA・J・マステに、「西アフリカに戻って、非暴力の精神と戦術を訓練するセンターを作りたい」と話しました。バイヤードは、非暴力という闘い方が独立運動では有効だと確信していましたし、そのセンターを運営するには自分こそがふさわしいとも思っていました。「非暴力運動の分野で定評のある黒人こそ、センターの成功には必要なんです。白人ではだめなんです」とバイヤードは述べています。

話し合いを重ねた末、友和会の指導部は、バイヤードを1年間、西アフリカに行かせることにしました。バイヤードは天にも昇る気持ちで、講演旅行を開始します。アフリカのことを語って、旅の資金を得ようとしたのです。しかし、それはすぐに終わることになります。

用語解説および関連事項

＊14【冷戦】　アメリカとソ連はもはや第二次世界大戦のときのような同盟国ではありませんでした。ふたつの超大国は今や強烈なライバル関係にあり、世界最強の経済や政治制度、武力を背景に互いに相手国を支配しようとしていました。武力衝突一歩手前の激しい敵意をむき出しにした、この敵対関係は米ソ冷戦と呼ばれるようになります。

さらに悪いことには、１９４９年の段階で両国は核兵器を所有していました。もし冷戦が激化して、どちらかが核兵器を使うようなことになれば、相手も報復するでしょう。そうなれば世界的な大惨事となります。

共産主義が広がると、さらに緊張が増しました。第二次世界大戦後、東欧のいくつかの国々では共産主義者が国を治めるようになります。かつて日本が支配していた朝鮮半島は二分され、北朝鮮は共産主義国になりソ連や中国の友好国となる一方、南朝鮮は資本主義国となりアメリカと同盟を結びます。１９５０年、北朝鮮が南朝鮮を侵略し、朝鮮戦争が起こると、アメリカはこの戦争に介入し、南朝鮮側について戦いました。

＊15【マッカーシズム】　共産主義への恐怖が高まると、冷戦はますます激化しました。同時に、アメリカ人の猜疑心《さいぎしん》に火がつき、上院議員のジョセフ・マッカーシーなどはアメリカ政府の中に共産主義者が入り込んでいると主張します。こうした主張には根拠のない場合が多かったのですが、名指しされた人は議会で共産主義者との関わりについて証言させられ、共産主義者である可能性の高い人物の名を挙げるように求められました。

名指しされた人は、それだけで解雇されたり、要注意人物としてブラックリストに載せられたりもしました。ブラックリストに名前を載せられた人（娯楽産業で働いている人が多かった）は、もとの仕事を続けることはできませんでした。バイヤードがブロードウェーで上演されたミュージカル『ジョン・ヘンリー』（ジョン・ヘンリーはアフリカ系アメリカ人庶民の英雄とされる人物で、小説や演劇でよく取り上げられた）で共演したポール・ロブソンとジョシュ・ホワイトのふたりもブラックリストに載せられました。

＊16【アパルトヘイト】 アパルトヘイト（アフリカーンス語のapartheidで、英語ではapartness と訳される）は、1948年南アフリカの白人政権によって作られた人種隔離政策のことです。アメリカ南部のジム・クロウ法と同じように、白人以外の人たちを脅したり支配したりするために使われました。南アフリカの黒人先住民やカラードと呼ばれる混血（白人と有色人種との）、そして、インドからの移民は、白人南アフリカ人と同じ住居、交通機関、学校、公共施設を使うことはできませんでした。アパルトヘイトによって夜間外出禁止や移動制限も行われました。

アメリカ政府は核実験を続けた。

13 「病」

1953年1月、バイヤードはカリフォルニア州の刑務所に入れられました。これまでも戦争や人種差別に抗議して投獄されたことはありますが、今度は事情が違います。「みだらな行為」に及んだとして逮捕されたのです。

バイヤードは、アメリカ・フレンズ奉仕団主催の夜の講演会で、世界平和について話すために、ロサンゼルスのパサデナに滞在していましたが、その晩遅く、同性愛行為で逮捕されてしまいます。*17 同性愛は当時、法律違反だったのです。

バイヤードは自分の性的指向について、友人や同僚には隠すことはありませんでしたが、一般の人たちには知られないように気をつけていました。しかし、その晩は、注意が足りませんでした。警察の記録にも新聞にも載ることで、世間の知るところとなりました。

ニューヨークでは、A・J・マステが激怒していました。マステは数年前にバイヤードの性的指向を知り、バイヤードが友和会の仕事をやめざるをえなくなるのではと心配していました。マステはバイヤードに同性愛をやめさせたいと思い、精神科の治療を受けるよう勧めていました（当時は、同性愛は精神病の一種だと考える人が多かったのです）。さらにマステはバイヤードに、もし同性との性行為を抑えられないなら、友和会をやめなければならないとも警告していました。バイヤードの逮捕はマステにとっては、裏切り行為に等しいものでした。

友和会はすぐに、「まことに遺憾ながら、バイヤード・ラスティンは１９５３年１月23日、『道徳罪』（同性愛のこと）で有罪判決を受け、ロサンゼルス郡刑務所で60日間服役することとなりました。同日、本人からの申し出により、バイヤード・ラスティンの友和会での勤務は終了いたしました」とする声明を出しました。

ここで重要なのは、マステひとりがバイヤードの行為を非難したわけではなく、友和会のほかのメンバーも、バイヤードが逮捕されたことで、バイヤードに背を向けたということです。バイヤードの「病」が広く知られることで、友和会の評判に傷がつき、平和を促進する取り組みがあやうくなるとみな思っていたのです。12年間の友和会での勤務が終わってしまい、バイヤードはうつ状態に陥りました。

刑務所を出ると、バイヤードはニューヨークに帰って、精神科の治療を受けます。自信を取り戻し、将来のことを考えるためです。6カ月後、バイヤードは友人たちの助けで、戦争抵抗者連盟（WRL）の平和綱領作成の仕事を得ました。WRLはニューヨーク市に拠点を置く、宗教とは無関係の反戦主義者の組織でした。

1954年、バイヤードはアメリカ・フレンズ奉仕団（AFSC）のクエーカー数人と再会し、冊子作りをいっしょにやらないかと誘われます。彼らは、冷戦や世界各地で起こっている紛争と関連づけて、クエーカーの平和主義について70ページの冊子を作ろうとしていました。バイヤードにはうってつけの仕事でした。

バイヤードは冊子作成に励みました。しかし、AFSCのメンバーの中には、バイヤードが1953年にパサデナで逮捕されたことで不安を感じている人もいました。話し合いを重ね、深く考えた末に、バイヤードは、自分の名前が冊子に載ると、非暴力という冊子の重要なメッセージが損なわれることにもなるかもしれないと、認めるに至りました。バイヤードは、冊子作成グループの委員長であるスティーヴ・ケアリーに手紙を書き、「わたしの名前が載ることで、新たな攻撃を受けることにつながるかもしれず、そうなれば、わたしが再びお役に立てる日も遠のくと思います」と伝えます。

バイヤードが作成に携わっていた冊子『権力に真実を突きつけよ——暴力に代わるも

「われわれの力は無限大に近づきつつあるが、われわれの安全はゼロに近づきつつある。原爆がわれわれに与えるのは、われわれ自身を守る力ではなく、世界を破滅させる力のみである」

——『権力に真実を突きつけよ』より

「非暴力は憎しみではなく愛に基づくものだ。非暴力は苦しみを負わせるのではなく、苦しみを進んで受け入れなければならないが、決して消極的なものでも臆病なものでもない」

——『権力に真実を突きつけよ』より

のを探すクエーカーの試み』は1955年に出版され、平和活動家に重要な情報や刺激を与えるものとなりました。「権力に真実を突きつけよ」（このフレーズを最初に使ったのはバイヤードだと主張する人もいる）は、クエーカーやほかの活動家がよく使うスローガンとなります。バイヤードもマステも、重要なアイディアをいくつも出し、冊子に反映させました。マステの名は13人の執筆者のひとりとして載りましたが、バイヤードの名が掲載されることはありませんでした。

そのころ、バイヤードは別の非暴力の抗議行動を計画していました。

「オペレーション・アラート（警報作戦）」は、核戦争に備えた火災訓練のようなものです。1954年から1961年まで、連邦民間防衛局はいくつかの主要都市で、核攻撃に備えた訓練を行いました。市民は訓練の際、公共施設や、覆いのない場所から避難して、「安全な」場所に入らなければならないと、法律に定められていました。バイヤードもほかの平和活動家も、核戦争への準備に協力することはまちがっていると思っていました。第一、核爆発が起こったときに、歩いて建物の中に入れば安全だなどと主張すること自体、誤解を生むし、ばかげています。広島や長崎の惨状がそれを証明しています。

1955年6月15日、ニューヨーク市にサイレンが鳴り響きました。核爆弾が落ちてきたと想定して、みな指定された避難場所に駆け込みました。しかし、バイヤードもほかの活動家も、避難所には入らず、市役所前の公園のベンチに黙って座っていました。そして、そこで逮捕されました。

用語解説および関連事項

＊17【魔女狩り】 マッカーサー時代、標的にされたのは共産主義者だけではありませんでした。同性愛者も迫害されました。何千人という同性愛者（ただ疑われただけの異性愛者も）が、陰口をたたかれたり、うわさを流されたりして、仕事を失いました。

バイヤードがパサデナで逮捕された数カ月後、アイゼンハワー大統領は、「犯罪者、公民権をはく奪された者、不正を働く者、不道徳な者、破廉恥行為を行う者、過度な飲酒癖、麻薬常習者、性的倒錯者」を国家公務員から除外するという大統領令を出しました。性的倒錯者とは同性愛者のことです。

フランクリン・ローズヴェルト大統領は１９４１年の大統領令で、防衛産業における人種差別を廃止しました。１９４８年、トルーマン大統領は大統領令で、軍隊の人種差別を廃止しました。この２つの大統領令は差別に終止符を打つ方向に向かうものでしが、ドワイト・Ｄ・アイゼンハワー大統領が１９５３年に出した大統領令は、ゲイやレズビアンを差別せよと政府に命じるものでした。

14 バスボイコット運動

アラバマ州モントゴメリのバスでは、アフリカ系アメリカ人乗客は、白人乗客に席を譲らなければなりませんでした。1955年、それを拒み、逮捕された人たちがいます。ローザ・パークスがおそらくいちばんよく知られていますが、席を譲らなかったのは彼女が最初ではありません。

ブッカー・T・ワシントン高校に通う15歳のクローデット・コルヴィンは同じ年の3月に、席を譲りませんでした。

夫に先立たれた34歳のオーリーリア・ブラウダーは4月に席を譲りませんでした。

18歳のメアリー・ルイーズ・スミスは10月に席を譲りませんでした。

そして、42歳のお針子、ローザ・パークスは12月1日に席を譲りませんでした。ローザは、モントゴメリの黒人地位向上協会の一員として活動していました。彼女が席を譲らなかったことで、アフリカ系アメリカ人乗客による大規模な市バスボイコット運動に火がつきます。モントゴメリの黒人たちは、人種分離されたバスに乗るくらいなら、歩くか自家用車に相乗りしたほうがましだと考えたのです。

モントゴメリのバスボイコット運動は、現代の公民権運動の始まりとして象徴的なできごとになります。また、このとき登場したのが、マーティン・ルーサー・キング・ジュニア牧師でした。キング牧師はモントゴメリに越してきたばかりで、デクスター通りバプティスト教会の牧師でした。若干26歳で、できたばかりのモントゴメリ改善協会（MIA）の会長に選出されていましたが、新たに、モントゴメリのアフリカ系アメリカ人の一番の代弁者としての役割が加わりました。キング牧師は、最初に乗車した人が最初に好きな席に座れること、運転手は黒人乗客にもっと礼儀正しくすること、乗客のほとんどがアフリカ系アメリカ人である路線には黒人運転手をあてることをバス会社に要求しました。

人種間の平等を求めて熱心に活動していたバイヤードは、モントゴメリで繰り広げられている一大事から目が離せなくなります。モントゴメリの状況は緊張の度を増していました。白人市民会議*18（WCC）はバスをボイコットする黒人に対して、脅しや暴力を使い、「我々白人には当然のことながら平等な権利が与えられている。生命、自由、そして、黒人を殺す権利などである」と主張する数千枚のビラを配りました。WCCのメンバーは、キング牧師の家、黒人地位向上協会モントゴメリ支部の指導者であるE・D・ニクソンの家、そして、ランドルフの寝台車ポーター組合で活動するメンバーの家に爆弾を投げ込みました。

バイヤードはボイコットを続ける人たちがやり返すのではないかと心配になりました。アフリカ系アメリカ人が暴力でやり返したら、さらにひどい暴力を加えられても文句は言えません。そこで、ランドルフの指導のもと、戦争抵抗者連盟で話し合いが行われ、バイヤードがモントゴメリに出向いて、ボイコット運動の指導者に、暴力を使わずに運動を続けるよう説得することになりました。バイヤードは、危険な目にあってもモントゴメリに行って、ガンディーの非暴力主義の精神や戦術についての勉強会を開きたいと思いました。

バイヤードはモントゴメリに出発する前に、アフリカ系アメリカ人牧師や鉄道職員が銃をこっそり手に入れて、モントゴメリの活動家にわたしているという情報を得ていました。2月21日にモントゴメリに着くと、すでにそこは「戦争さながら」の状態です。アフリカ系アメリカ人の住んでいる地域を歩いてみると、キング牧師やE・D・ニクソン、ラルフ・デイヴィッド・アバーナシー牧師（キング牧師の親友で右腕）の家の前には武装した見張りが立っています。再び爆弾が投げ込まれるのを恐れた支持者たちは、キング牧師の家の

1956年、バイヤードとマーティン・ルーサー・キング・ジュニア。当時ふたりの関係は良好で、非暴力のさまざまな戦略（ボイコット、行進、集会、座り込みなど）や生き方としての非暴力主義について何度も話し合いを重ねていた。

© AP/ アフロ

周りに照明を張り巡らし、昼夜を問わず、武装したボディーガードを立たせていました。

その日、キング牧師は町にはいませんでしたが、バイヤードはニクソンとアバーナシーに会って自己紹介をしました。ふたりに戦略会議に招かれたバイヤードは、喜んで出席します。バイヤードは非暴力の勉強会をするためにモントゴメリに来たのですが、すぐにそれ以外のさまざまな仕事にも着手します。まず、抗議や団結、非暴力、平等についての詩を書き、歌えるようにしました。モントゴメリ改善教会の指導者たちは、その歌を大規模な集会で歌って、ボイコット運動をしている人たちの士気を高めたり、指示を出したりしました。バイヤードは相乗りの計画を立てたり、ボイコットに関する宣伝資料や新聞記事も書いたりしました。

とりわけ重要だったのは、バイヤードがガンディーと同じように、尊厳を保って非暴力で闘うことについて、具体的な指示を出し始めたことでしょう。バイヤードが到着した日、陪審員は、ボイコットを禁じたアラバマ州の法律に違反したとして、ボイコット運動指導者115人を告発しました。バイヤードが指導者たちに提案したのは、ふつうの犯罪者のように、保安官から逃げ回ったあげくに捕まるのではなく、一番の晴れ着を着て、堂々と裁判所に出向き、みずから捕まる道を選んだらどうかということでした。指導者たちはバ

　バイヤードはモントゴメリ改善協会のために詩を書いています（『古きよき信仰をくれ』のメロディで歌う）。

われわれは勝利めざして進んでいる。（3 回繰り返す）
希望と尊厳を胸に。
われわれは団結する。（3 回繰り返す）
万人が自由になる日まで。
合言葉は愛。（3 回繰り返す）
平和と自由を表すことば。
黒人も白人もみなきょうだい。（3 回繰り返す）
みんな仲よく暮らすんだ。
われわれは勝利めざして進んでいる。（3 回繰り返す）
希望と尊厳を胸に。

イヤードの助言に従いました。数百人の支持者たちは、裁判所の階段を上る指導者を見つめながら、拍手喝采《かっさい》を送りました。

バイヤードは、「白人の指導者、政治家、警察官は度肝を抜かれた。黒人たちは自分たちの指導者が、追い掛け回されて捕まるのではなく、自首するのを見て、心を躍らせた」と書いています。このことで、ボイコット運動の参加者は勇気づけられ、自分たちや運動そのものを誇りに思うようになります。

ボイコットをしている人たちは一生懸命でしたが、人種分離に対して、暴力を使わない闘い方が有効なのか、確信を持っているわけではありませんでした。ガンディーのことを学んでいたキング牧師さえ、非暴力の戦略や戦術について詳しくないばかりか、暴力否定論者でもありませんでした。自宅に爆弾が投げ込まれると、銃の使用許可を申請したほどです。アラバマ州はこれを却下しましたが、銃はキング牧師の家の中に普通に置かれていました。

それでも、キング牧師は非暴力についてもっと知りたいと思っていましたし、バイヤードもキング牧師に教えたいと思っていました。バイヤードに教えられて、キング牧師は、暴力否定論者たちが、暴力的な態度をとらないように、そして、暴力行為をしないように努めていることを知ります。暴力否定論者たちは、どんな人にも人間としての尊厳があり、生きる権利があると確信しているのです。

キング牧師はバイヤードに教えられて、もうひとつ大事なことを学びました。それは、ボイコットの指導者たちにとって重要なのは、非暴力が運動に有効だと思われるときだけでなく、常に貫かれるものだということです。バイヤードはキング牧師に言いました。「もし指導者の家に爆弾が投げられ、指導者が銃で反撃したら、支持者たちに銃を取れと言っていることになるのです」

バイヤードやほかの暴力否定論者の話を聞いて、キング牧師はバスでの人種分離と戦う有効な戦術としてではなく、生き方として非暴力主義を実践したいと考え始めます。キング牧師はボイコット運動を続けながら、家から銃を片づけ、ボディーガードには武器を持たずに巡回するように指示し、すべてのボイコット運動参加者に、暴力的な態度はとらないように、暴力行為はしないようにと伝えました。それによって、バスボイコット運動は平和的な抗議だということが世界じゅうに伝わり、キング牧師は非暴力の指導者として知られるようになります。[*19]

一方、モントゴメリの警察官を含む白人市民会議はニューヨーク市からやってきたよそ者のバイヤードをうさん臭く思うようになり、バイヤードを見張り、バイヤードの個人的な通話を盗聴し始めます。「わたしは警察車両に常に追いかけられていて、夜間ひとりで外出することもできない」と、バイヤードは手紙に書いています。また、モントゴメリの新聞記者が、「バイヤードは全米黒人地位向上協会に入り込んだ共産党のオルグで、暴力蜂起《ほうき》を企んでいる」といううわさを流しているという情報も入ってきました。もちろん、そんなことは根も葉もないことです。バイヤードは暴力騒ぎが起こらないように全力を尽くしていたのですから。

バイヤードがもうひとつ心配だったのは、1953年にバイヤードがカリフォルニアで逮捕されたことを白人市民会議がかぎつけて広め、バスボイコットの評判を落とそうとするのではないかということでした。バイヤードはキング牧師に相談しました。ふたりは、バイヤードがモントゴメリを去り、遠くからボイコット運動の指導者たちに助言をするのがいちばんいいという結論に至りました。

ニューヨークに戻ったバイヤードは、手紙や電話でキング牧師と緊密に連絡を取り合いました。ボイコット運動を支援する資金数千ドルを集め、キング牧師に代わって演説の原稿を書き、キング牧師をランドルフやマステなど主要な活動家に紹介しました。バスボイコット運動についてのニュースを全米に発表し、キング牧師とボイコット運動参加者を支援する大規模な集会をニューヨーク市で開き、モントゴメリについての記事を書いたりもしました。最初に発表された記事はキング牧師の名で出されています。また、バスボイコット運動のことを知らない人のために、非暴力の勉強会も開きました。

このような努力の甲斐《かい》あってバスボイコット運動は報われます。全米黒人地位向上協会が裁判に勝ったのです。1956年11月13日、ブラウダー対ゲイル裁判[20]で連邦最高裁判所は、アラバマ州のバスでの人種分離法は憲法に違反するという決定を下しました。裁判での全面勝利によって、アラバマ州は全州において、州内を走るバスに黒人乗客が乗車した際には、好きな席に座らせなければならなくなりました。「黒人」乗客は後ろに行けと指示されることはないのです。ローザ・パークスは二度と白人乗客に席を譲らなくてもよいのです。モントゴメリでバスをボイコットした人たちも、全米でそれを支援した人たちも、最初の目標以上の勝利を手にすることができました。

1956年12月21日、キング牧師は初めて人種統合されたバスのひとつに乗車し、前の座席に近いところを選んで座りました。キング牧師は決して悦にいってもいないし、にやにやもしていないし、横柄な態度もとっていません。ただアフリカ系アメリカ人乗客に暴力はふるわせないと心に誓って、堂々と座っていました。バイヤードとそう決めていたのです。

しかし、そこにバイヤードはいませんでした。

バイヤードは、自分が姿を現すことで、よそ者の扇動者だとか、共産主義者だとか、犯罪者だとかと、まちがった非難を浴びることになるかもしれないと考えたのです。バイヤードの心はいつも、人種統合されたバスに乗るアフリカ系アメリカ人とともにありましたが、その身は遠くニューヨークの地にあって、自由への次の一歩を考えていました。

用語解説および関連事項

＊18【**白人市民会議**】　1954年5月17日、アメリカ連邦最高裁判所はブラウン対教育委員会裁判において、「分離すれども平等」という考え方はまちがっており、公立学校での人種分離は憲法に違反するという決定を下しました。

　この決定に対して、南部の白人は白人市民会議を結成します。クー・クラックス・クラン（ＫＫＫ）が秘密裏に活動していたのに対して、白人市民会議はおおっぴらに、学校での人種統合に反対し、アフリカ系アメリカ人の公民権を否定する活動を行いました。

　白人市民会議の活動によって、アフリカ系アメリカ人は、借りていた住居から追い出されたり、お金を借りることができなくなったり、仕事をやめさせられたりしました。白人市民会議は威嚇したり脅迫したり、暴力をふるったりもしました。

＊19【**非暴力への巡礼**】　キング牧師はモントゴメリのバスボイコット運動について書いた『自由への大いなる歩み』という著書の中で、運動で使われた非暴力がどのようなものであったかを次のように記しています。

- 非暴力とは不正に対して、されるがまま無抵抗でいることではなく、不正に対して積極的に非暴力で抵抗することである。
- 非暴力とは相手を負かしたり侮辱したりしようとすることではなく、友情と理解を得ようとすることである。
- 非暴力とは不正をたまたま働いている人に対して向けられるものではなく、不正という暴力に対して向けられるものである。
- 非暴力で抵抗する人は、必要とあれば暴力を受け入れるが、決して暴力を働くことはない。
- 非暴力で抵抗する人は相手を銃で撃たないだけでなく、憎むこともしない。

・非暴力は、世界は正義の側に立っているという信念に基づいている。

＊20【**ブラウダー対ゲイル**】　キング牧師は全米黒人地位向上協会と協力して、1956年2月1日、連邦地方裁判所に訴訟（ブラウダー対ゲイル裁判）を起こし、アラバマ州のバスが人種分離していることは憲法に違反していると訴えました。この裁判の原告は、オーリーリア・ブラウダー、スージー・マクドナルド、クローデット・コルヴィン、メアリ・ルイーズ・スミスで、全員が、黒人だからという理由で、モントゴメリのバスで不当な扱いを受けていました。被告のW・A・ゲイルはモントゴメリの市長で、白人市民会議のメンバーでした。

1956年6月13日、連邦地方裁判所は、バスにおける人種分離は憲法に違反するという決定を下し、バスでの人種分離をやめるよう命じました。

しかし、闘いはまだ終わっていませんでした。モントゴメリ市とアラバマ州が連邦最高裁判所に上訴したからです。

15 裁判闘争から直接行動へ

全米黒人地位向上協会は、最高裁で画期的な勝利を3つ勝ち取りました。州間バス（1946年のモーガン対バージニア裁判）、公立学校（1954年のブラウン対教育委員会裁判）、そして市バス（1956年のブラウダー対ゲイル裁判）での人種分離は憲法に違反するという決定が下されたのです。もっとも、どの裁判も最高裁に行くまでには長い時間がかかりました。そこで、バイヤードは、裁判所がアフリカ系アメリカ人の憲法で保障された権利を認めるのを待つのではなく、各人が自由を求める闘いを、堂々と、だれにでもわかる形で行う必要があると考えました。

公民権を前進させる裁判所の決定が出されても、その決定が政治指導者に無視されたり反対されたりしたら、なんの意味もありません。公民権運動の「重心」は、「裁判所から地域社会の活動に移った」とバイヤードは確信します。ガンディーは行進や集会、抗議デモ、座り込み、そしてボイコットといった非暴力の戦術によって、インドの独立を勝ち取

「われわれは、『分離すれども平等』の原則は公教育の場には適さない、という結論に至った。教育施設を分けること自体、不平等である」
——ブラウン対教育委員会

りました。これと同じやり方で、裁判所の決定を現実のものとすることができるとバイヤードは考えました。「新時代に入った今、わたしたちは直接行動こそが、もっとも強力な政治的武器であるということを認識しなければならない」と、バイヤードは書いています。

バイヤードはキング牧師を訪ねて、この考えを伝えます。

バスボイコット運動のあいだ、バイヤードはアラバマから遠く離れたところから、キング牧師に助言を与え続けてきました。キング牧師は理想に燃えた、演説の名手ではありますが、バイヤードがかつて言っていたように、「吸血鬼を血の海に行かせるようにしむける能力」は持っていませんでした。そのため、キング牧師の夢を実現するために具体的な計画を立てるのが、バイヤードの仕事でした。

キング牧師の賛同を得て、バイヤードと仲間たちは、全米黒人地位向上協会（NAACP）とはまったく違う組織を作る計画を立てます。新しい組織の名称は、最終的には南部キリスト教指導者会議（SCLC）に落ち着きます。全米黒人地位向上協会が裁判闘争での勝利をめざしていたのに対し、南部キリスト教指導者会議は非暴力直接行動で南部のアフリカ系アメリカ人の公民権獲得をめざします。

キング牧師は1957年1月、アトランタのエベニーザー・バプティスト教会で開かれる会議に、60人の著名な南部アフリカ系アメリカ人牧師を招集しました。牧師たちはSCLを創設することを了承し、キング牧師を議長に選出します。キング牧師はバイヤードの指導を受け、その後10年間、直接行動の運動を実践していく新たな公民権組織のトップとなるのです。

モントゴメリでのバスボイコット運動に勝利すると、バイヤードはすぐにまた新たな運動を始め、1957年2月、キング牧師をはじめとする指導者たちに、ドワイト・D・アイゼンハワー大統領に対して電報を送るよう指示します。ブラウン裁判の決定を支持し、当時起こっていた爆破事件を非難する演説を南部で行うよう大統領に促すためです。

アイゼンハワー大統領はこれを拒否しました。

バイヤードはキング牧師から、首都ワシントンへの「祈りの巡礼」を計画するよう頼まれます。バイヤードは新しい仕事に胸が高鳴りました。1941年にA・フィリップ・ランドルフの「ワシントン行進」に参加して以来ずっと、アフリカ系アメリカ人の「ワシントン大行進」を企画したいと思っていたからです。

1957年5月17日、ブラウン裁判から3周年のこの日、「自由を求める祈りの巡礼」がみごとに挙行されました。リンカン記念堂前には、霊歌や演説を聞こうと、2万5000人の人たちが集まっています。バイヤードはキング牧師の演説を最後にもってきました。大トリを務めるキング牧師は、自分の番が来て、立ち上がると、「われわれに投票権を！　われわれは暴力を使わず静かに、だれも憎まず苦しめずに、最高裁の決定を実行する」と、行動を呼びかける演説を行いました。キング牧師は「祈りの巡礼」に登場することで、公民権運動の全国的な指導者となりました。

それは、バイヤードがかねてから望んでいたことでした。キング牧師と非暴力直接行動が広く認知されることこそ、新たな時代の公民権運動にとってもっとも重要なことでした。バイヤードの尽力もあり、直接行動は公民権運動を前進させる方法として取り入れられるようになります。

1958年秋、アーカンソー州知事のオーヴァル・フォーブスは、連邦政府がアーカンソー州の公立学校の人種統合を強行しようとすれば、公立学校を閉鎖すると脅迫していました。これに対して、バイヤードやランドルフは、人種統合された学校を求めて、どんな人種の人も参加できる若者の行進を計画すると発表します。バイヤードが計画を任されました。

1958年10月25日、1万人の若者たちが首都ワシントンの憲法通りからリンカン記念堂まで、人種統合された学校を求めて行進しました。その行進は大成功をおさめ、バイヤードは、1959年4月18日にも別の行進を計画します。今度は2万5000人の若者や活動家がワシントンのあちこちの通りに繰り出し、その多くが「学校での人種統合を実現せよ！」と叫んでいました。

この行進は全国のメディアで取り上げられ、バイヤードはまた成功を手にしました。キング牧師は、はたと気づきます。バイヤードは重要人物とつき合いがあるし、資金集めもできる。企画立案する技術や能力もある。バイヤードを南部キリスト教指導者会議（SCLC）の理事として雇えばいい、と。しかし、キング牧師の案に反対する人がいました。南部キリスト教指導者会議をよく思わない人物が、1953年のバイヤードの逮捕を利用して、SCLSに「泥をぬる」かもしれないと考えたのです。

結局、南部キリスト教指導者会議はバイヤードを理事として雇うことはありませんでした。

しかし、バイヤードにはほかにすることが山ほどありました。まだ戦争抵抗者連盟での仕事をしていましたし、世界平和への情熱もありました。

1959年、バイヤードはサハラ砂漠に出かけ、フランスがそこで行おうとしている核兵器の実験を阻止しようとします[*21]。でも、うまくいきませんでした。帰国して、新たに大規模な直接行動の計画を立てようと思いました。

しかし、またさらなる問題がバイヤードを待っていました。

用語解説および関連事項

＊21【ピースマーク】 1958年、バイヤードはイギリスで行われた核兵器反対集会で演説しました。このとき初めてお披露目された万国共通の「ピースマーク」はイギリスのデザイナー、ジェラルド・ホルトムによってデザインされたものです。作家のバリー・マイルスは2008年に出版された『平和：50年にわたる抗議』という著書の中で、次のようにバイヤードをたたえました。「バイヤードが大西洋をわたってアメリカにこのピースマークを持ち帰ったことで、このマークは、平和運動に限らず、いたるところで使われるようになった」

16 お払い箱にされて

1960年6月9日、バイヤード、ランドルフ、そしてキング牧師は記者会見を開いて、大統領候補が指名される民主党、共和党それぞれの全国大会会場の外で、大規模な集会を含む直接行動を実施すると発表しました。そして、主要な政党に、公民権を支持するよう訴えました。キング牧師は、「参加者5000人以上が」それぞれの大会会場の外で行進することになると予告しました。党大会の様子も行進の様子も全米でテレビ中継されることになります。

しかし、公民権運動の指導者の中にはこの案に反対する人もいました。全米黒人地位向上協会の指導者ロイ・ウィルキンスは、激しい口調でランドルフに手紙を書いてきました。「抗議行動参加者が大挙して入り口をふさいで、代議員や政府高官の怒りを買い、罵倒し合ったり騒動に発展したりしたら、公民権の大義を前に進めることにはならない」

ハーレム選出の民主党議員アダム・クレイトン・パウエル・ジュニアは、行進によって民主党における自分の地位に傷がつくのではないかと考えました。そこで彼は、不道徳分子がキング牧師に影響力をふるっているとにおわせる演説を行いました。そして、側近を使ってキング牧師に、「もし行進を中止しないなら、パウエルは、キング牧師とバイヤードが愛し合っていると、メディアにうその情報をもらしますよ」と、悪意のある脅しの電話をかけさせました。

パウエルの脅しは根も葉もない噂でしたが、キング牧師は不安になりました。キング牧師とバイヤードが密接に協力し合っていることで、まちがった情報を信じる人が出て、民衆が自分や公民権運動を支持しなくなってしまったら、どうなるだろう……。

キング牧師はバイヤードを顧問団から外し、助言も忠告も受けず、知恵も借りなくなりました。バイヤードはうちのめされました。4年近くもキング牧師に尽くしてきたにもかかわらず、お払い箱にされるなんて……。

意気消沈したバイヤードは、必死になって心の平静を取り戻そうとします。そして、なんとか元気を出して、世界平和のための直接行動運動に集中しようと心を決めました。1961年初め、バイヤードは、サンフランシスコからモスクワまでの4000マイル平和行進（一部は船を使って）を指揮しました。1962年にはアフリカに出かけ、独立を求める直接行動運動を手助けしたり、アフリカの指導者たちに非暴力の精神と戦術について助言したりしました。かつてキング牧師にしたのと同じことをしたのです。

バイヤードは、このように大きな仕事はしていましたが、キング牧師の顧問団だったときのことを忘れることはできません。バイヤードは定期的にハーレムのランドルフと会っては、ふたりで公民権運動をさらに前進させる方法を考えました。

1962年の終わり近く、ランドルフが「もう一度ワシントンで行進したらどうか」と言い出しました。前回の1950年代後半のワシントンでの行進では、投票権と学校での人種統合に焦点を当てていましたが、今回はアフリカ系アメリカ人の悲惨な経済状態、とりわけ失業問題を取り上げたらどうかというのです。バイヤードはこの考えに心を躍らせ、ノーマン・ヒルとトム・カーンという信頼できるふたりの人物に協力を頼みました。ふたりは若い民主社会主義者で、「学校における人種統合を求める若者の行進」のときに、バイヤードといっしょに活動したことがありました。3人は、1963年6月に向けて、「2日間の行動計画」を立て始めます。

バイヤードにとってさらにうれしかったのは、キング牧師とまたいっしょに活動できそうなことでした。バイヤードが顧問団にいないことで、キング牧師の公民権運動は停滞し始めていました。キング牧師は、企画立案することも、戦略を練ることも、細部の計画を立てることもできるバイヤードの力が必要だと痛感しました。キング牧師から電話をもらったとき、バイヤードの顔はぱっと輝きました。顧問団に戻ってくれなんて言われなくてもよかったのです。自分を傷つけた人を許すことが大事でした。相手が許しを請わなくても許す。祖母にそう教わっていました。バイヤードは、キング牧師や南部キリスト教指導者会議（ＳＣＬＣ）のために喜んで働く準備ができていました。それればかりか、キング牧師にも、現在計画中の行進に加わってほしいと思いました。

１９６３年、ＳＣＬＣは南部バーミングハムでの人種分離に反対する運動を行っていました。全米に中継されたテレビニュースで、自由を求める子どもたちのデモ隊が、警察犬に攻撃され、高圧消火ホースで倒されている映像が流れました。全米黒人地位向上協会の職員、メドガー・エヴァーズが、ミシシッピ州ジャクソンの自宅前で、白人市民会議のメンバーに殺されたという悲しいニュースが流れると、国民の怒りはさらに強まりました。[*22] アメリカ人の多くが茶の間のテレビで見た暴力に衝撃を受け、公民権闘争に共感を覚えるようになります。今こそ、ワシントンで非暴力の行進をするときです。キング牧師は行進への参加を決めました。

南部での運動の高まりを受けて、バイヤードは行進の焦点を雇用と自由に拡大することにしました。そして、主な公民権運動指導者に、「ひとつひとつの要求事項実現するために団結し、行進の諸問題に対処するために指導者集団を作りませんか」と提案します。指導者集団のメンバーはランドルフ、キング牧師、全米黒人地位向上協会のロイ・ウィルキンス、学生非暴力調整委員会のジョン・ルイス、全米都市同盟のホイットニー・ヤング、そして、人種平等会議のジェイムズ・ファーマーです。「ビッグ・シックス」として知られるこの6人は、総監督を決めて、スタッフを雇い、行進の細部を詰める必要があると考えました。行進は8月下旬と予定が変更されていました。

バイヤードはもちろん総監督の仕事に乗り気でしたが、それに反対する人物がいました。

用語解説および関連事項

＊22【テレビ】　バイヤードは、公民権を求める非暴力の闘いにテレビは欠かせないメディアだと思いました。テレビは公民権運動の様子を新聞とは違った形で直接茶の間に届けることができます。視聴者は、抗議をする人たちが、警官や野次をとばす人種差別主義者に襲われるのを見たり聞いたりすることができるのです。「テレビの登場によって、南部での暴力が白日のもとにさらされた。南部で行われているまやかしをカメラがあばくことで、世論は人種差別反対に転じた」とバイヤードはのちに書いています。

17 ワシントン大行進の立て役者

全米黒人地位向上協会の指導者ロイ・ウィルキンスは、バイヤードを「雇用と自由を求めるワシントン大行進」の総監督役に据えることに反対でした。バイヤードには共産青年同盟に加入していたり、1953年にパサデナで逮捕されたりした過去があります。ウィルキンスは、バイヤードを目立つ役職に就けるのはあまりにも危険すぎはしないかと考えたのです。

ビッグ・シックスのうち、キング牧師、ルイス、ファーマーの3人は、ウィルキンスの考えを聞いて考えます。ランドルフを総監督に指名し、彼に監督代理を選ぶ権限を与えればいい、それならきっとうまくいく。ウィルキンスはランドルフに心酔しているから、ランドルフに反対することはないし、ランドルフはバイヤードを監督代理に指名するに決まっている。案の定、ウィルキンスはランドルフを総監督とすることに賛成し、ランドルフはバイヤードを監督代理に指名しました。

バイヤードはワシントン大行進の全国本部をハーレムに置いた。　© GRANGER.COM / アフロ

この決定は、バイヤードを有頂天にさせました。でも、浮かれている暇はありません。ワシントン大行進まで8週間しかないのです!

それからの8週間は、毎日、目が回るほどの忙しさでした。1963年にはまだ、携帯電話もパソコンもありません。バイヤードは整理用カードを使って計画の立案を行い、行進を知らせるちらしやポスターを印刷させました。事務所の電話は鳴りっぱなしです。くわしい情報を求める人もいれば、インタビューを申し込む新聞記者もいます。公民権運動の指導者たちは、自分たちの役割を聞いてきました。全国本部の事務所には、一斉放送の設備も拡声器もないので、ほかの部署と連絡を取り合うには大声でどなるしかありませんでした。

バイヤードは、行進を成功させたいという意欲のある若者を選んで、スタッフとして雇いました。スタッフの中から、トム・カーンを自分の秘書にし、ノーマン・ヒルを全米各地のまとめ役に就任させ、全米を回らせ、協力体制を作り上げました。

交通関係の調整役にはレイチェル・ホロヴィッツを当てましたが、車を運転できないレイチェルは自分が選ばれたことに驚いていました。バイヤードはレイチェルならどんな細かなことも処理できると期待していましたが、期待に違《たが》わず彼女はすべてを難なくこなしていきました。レイチェルを中心とした運送係は、全米から参加者を運ぶためのバス１５００台、列車21両、飛行機3機を手配しました。ただし、自家用車で来る人、徒歩でやってくる参加者の数はだれにもわかりません。

行進参加者は、ピーナツバター・サンドイッチ、リンゴ、パン、ジュースなど8月の炎天下でも腐らない食べものを持参するよう指示されました。ニューヨークのボランティア３００人は、5トンの国産チーズを調達して、昼食用にサンドイッチを作り、リンゴ１個とマーブルケーキ（2色のケーキ種を同じ型に入れて大理石模様に焼いたケーキで、こんな機会にはぴったりのデザート）を袋に入れ、8万食の昼食を用意しました。おなかをすかせた参加者はひと袋50セントでこの昼食を買うことができます。巨大な水のタンクも用意し、臨時の水飲み場も21カ所作りました。

行進中に病人が出るかもしれません。バスの運転手には救急用品や余分な水を積み込むよう指示し、ボランティアの看護師や医師を２００人募り、25カ所の救護所に配置しました。どんなささいなこともおろそかにできません。バイヤードたちスタッフは、大行進の日に欠かせない簡易トイレの数も正確に２００とはじき出しました。

行進する参加者の安全も確保しなければなりません。バイヤードはニューヨーク警察のアフリカ系アメリカ人巡査長のひとりに、「数百人のアフリカ系アメリカ人警官を募り、行進時の警備の訓練をしてほしい」と頼みました。そして、平和的に行進が行われるように、私服に警棒だけで警備するよう依頼しました。バイヤードはボランティアたちに対して、みずから非暴力の訓練を行い、問題を起こす参加者がいたら、その人物を取り囲んで、行進から引き離し、周辺に待機している警官のところに連れてくるように指示しました。

バイヤードの一番の役割は、行進のことを全米に知らせること、参加者に非暴力で行動する必要性をしっかり理解させること、そして、「雇用を確保し、憲法で認められた権利の行使を認めよ」という集会の要求をアピールすることでした。バイヤードは無数の新聞記者や政治家、政府高官と接触し、行進を巡って不測の事態が起こっていないか目を光らせていました。全国本部は、全米のメディアに情報を送り続けました。情報が行きわたれば、それだけ行進はうまくいきます。

すべてを抜かりなく準備するために、スタッフ全員が1日16時間の作業を強いられ、作業をしながらの食事も当たり前です。いくら疲れていても、まだまだ作業は続きます。家に帰れず本部に寝泊りするスタッフもいましたが、大行進を成功させたいという熱い思いで、全員が課題と格闘していました。

サウスカリフォルニア州選出の上院議員ストロム・サーモンドは、行進に反対する手ごわい相手のひとりでした。長年、公民権運動に反対し続けてきたサーモンド議員は、ワシントンン大行進を頓挫させようと躍起になっていました。連邦捜査局から得た情報を武器に、上院で、「バイヤードは共産主義者で、反アメリカのプロパガンダに大行進を利用しようとしている」とまくし立てました。サーモンドにけしかけられた新聞記者たちが、ランドルフに、行進の責任者からバイヤードを外すつもりはないかと質問しました。ランドルフは、「そんな気はないね。バイヤードこそ、ワシントン大行進の立役者だ」と答えました。キング牧師も、「バイヤードは非常に有能で熱心なまとめ役だし、非暴力がいかなるものか、バイヤードほどうまく人に伝えられる人はいない」と、ランドルフの発言を援護しました。

しかし、サーモンド議員も簡単にはあきらめません。連邦捜査局の資料を持ち出して、1953年、バイヤードがパサデナで逮捕された事実を公表し、「同性愛の変態」がワシントン大行進を率いている、と攻撃を繰り返しました。全米の新聞がこぞってサーモンドのバイヤード非難発言を報道しましたが、ビッグ・テン（ワシントン大行進の計画はビッグ・シックスと呼ばれる6人の指導者で始まりましたが、白人の労働運動指導者や宗教指導者4人を含めた10人の指導者で構成されるようになっていました）は、前にも増してバイヤードのもとに団結するようになりました。

もっとも強くバイヤードを擁護したのはランドルフでした。ランドルフは、「バイヤードの人柄、誠実さ、並外れた能力に全幅の信頼を置いている」と公言してはばかりませんでした。のちにバイヤードは、ランドルフが、「バイヤードのわたしへの貢献がどれほどのものかよく知っているが、もしバイヤードが同性愛者だから有能だとすれば、もっとほかにも有能な同性愛者を探すべきかもしれないね」と言っていたと語っています。

バイヤードは任務を継続し、サーモンド議員は敗れ去りました。大行進まで数週間しかありません。もうあとには引けないのです。

バイヤードにとって、公民権運動の仲間から受けた支援ほどうれしいものはなかったでしょう。バイヤードは、「いざというときにともに立ち上がり、頼りにできる友がいるのは幸せなことだ」と手紙に書いています。キング牧師にお払い箱にされたときの気持ち、あるいは1953年に逮捕されたことがきっかけで、友和会から解雇されたときの気持ちとは大違いです。たった数年のあいだに、バイヤードも仲間も別人のようになっていました。

18 「わたしには夢がある」

1963年8月28日、バイヤードは朝早く起きて、「ワシントン大行進」の起点であるワシントン記念塔に向かいました。準備に奮闘した8週間の結果を朝一番に確かめたかったのです。しかし、午前6時ころ、行進の行われる場所を見わたして心配になりました。200人ほどしか参加者が集まっていないのです。先が思いやられます。記者たちがバイヤードに「参加者はどこにいるんですか？」と質問してきました。するとバイヤードはおもむろにポケットをまさぐり一枚の紙を取り出すと、時計を見て、「すべて予定どおりに進んでいます」と答えました。紙にはなにも書かれていませんでしたが、記者たちにそれをさとられることはありませんでした。

バイヤードの心配はすぐに消えました。午前9時30分には4万人が、90分後には、9万人がワシントン記念塔前に集まりました。人の数はどんどん増えていき、期待感が高まる中、参加者は少なくとも25万人に達しました。

群衆は行進と集会が始まるのを今か今かと待っています。リンカン記念堂のステージでは、著名な歌手たちが自由の歌を歌って参加者を勇気づけています。数十年前、バイヤードに歌の仕事をくれたブルース・シンガーのジョシュ・ホワイトも、「自由への道を歩むわたしをだれも止められない、だれもやめさせられない」と、みごとな歌声を披露し、行進の日の意気込みをたたえました。有名な運動選手やハリウッドの有名俳優たちも、自由をたたえました。

ワシントン記念塔からリンカン記念堂まで、約1・2キロメートルの行進は、昼ごろ始まり、リンカン記念堂でのプログラムは午後2時に始まりました。まず、オペラ歌手のマリアン・アンダーソンが国歌を歌いました。次に、20年以上前からこのような大行進を夢見ていたランドルフがあいさつをしました。

組織委員長のバイヤードはまるで舞台監督のように出演者の間を駆け回り、音楽家や発言者が所定の位置に時間どおりにスタンバイしているように手配し、それぞれのセリフの確認も怠りません。一瞬でしたが、バイヤードが演壇のわきに立って、ひとり楽しそうに微笑む瞬間がありました。プログラムの終わり近く、伝説のゴスペル歌手マヘリア・ジャクソンが、黒人霊歌『わたしはなじられ、さげすまれてきた』を、息をのむほど美しく歌

黙って行進する人もあれば、腕を組んで、『勝利をわれらに』などのフリーダム・ソング（自由の歌）を歌いながら行進する人もいた。

い上げているときでした。バイヤードは心のふるさとともいえる黒人霊歌を知り尽くしていたので、ひとり静かに女王とともに歌っていました。聴衆はみな、ゴスペルの女王の歌に心を動かされ、涙していました。

バイヤードの23歳の友人ジョン・ルイスがその日行った演説は、とても攻撃的で、議論を呼びました。ワシントンの大司教パトリック・オーボイル師は、ルイスの演説草稿に事前に目を通した時点で、草稿を書き換えなければ、集会で祈禱《きとう》しないと断言しました。書き換えられたルイスの演説は、トーンダウンしたとはいえ、まだまだ過激で断固としたものだったので、聴衆は衝撃を受けました。

バイヤードは1957年の「祈りの巡礼」のときと同様に、キング牧師の演説を最後にもってきました。キング牧師はバプティスト派でアトランタ出身、今や公民権運動でもっとも影響力のある人物です。最後に演説することで、大行進を大いに盛り上げ、有終の美を飾ってくれるはずです。キング牧師が演壇に上がると、25万人の参加者は静まり返り、キング牧師の語る「大いなる夢」に耳をそばだてました。

「わたしには夢がある……。このアラバマの地で、黒人の男の子も女の子も白人の男の子、女の子も兄弟姉妹として、ともに手を取り合う日がいつか来るという夢が。きょうこ

キング牧師をはじめとするビッグ・テンの指導者たちは、先頭集団の後ろを歩いた。指導者の前を歩くのは、公民権運動の歩兵ともいえる人たちだった。　©Glasshouse Images / アフロ

の日、わたしには夢がある……」

キング牧師が夢を語り終えると、リンカン記念堂の前に立っていた大勢の人たちからどっと拍手と歓声が上がりました。微笑む人も涙を浮かべる人もいました。やがてこの演説は、キング牧師が行った中でもっとも有名なものとなっただけでなく、時代を特徴づける演説ともなり、のちに世界じゅうに知られることになりました。

キング牧師の演説のあとバイヤードが演壇に上がり、ワシントン大行進の要求を読み上げました。「同志のみなさん、本日5時、ただいま演説した行進の指導者たちが、ケネディ大統領に面会し、変革を求めるこの大行進の要求項目を手わたします。今こそ行動を起こすときです。これからわたしが要求項目を読み上げます。どうかみなさんの意思を聞かせてください。そして、みなさんが賛成の意思表明をした要求項目を、ウィルキンスさんやキングさんを始めとする10人の指導者の方々に、ケネディ大統領のもとへ届けていただきましょう」

バイヤードはひとつひとつの要求を読み上げながら、ときどき言葉を切って、右腕を宙に突き上げます。「第一に、われわれは実効性のある公民権法の制定を要求する。妥協はしない。実効性のある公民権法とは、公共施設、一定の基準を満たした住居、人種差別の

行進の指導者たち。（左から右へ）：マシュー・アーマン（人種間の平等を求める全米カトリック会議）、クリーヴランド・ロビンソン（示威行動委員会委員長）、ラビのヨアヒム・プリンツ（アメリカユダヤ人会議）、A・フィリップ・ランドルフ、ジョゼフ・ロー・ジュニア（首都ワシントンの弁護士）、ジョン・ルイス（学生非暴力調整委員会）、フロイド・マッキシック（人種平等会議）。ジョン・ルイス（右から二人目）の用意した演説は過激すぎると懸念する声があった。心から敬愛するランドルフに促され、ルイスは南北戦争当時の暴力的イメージを思い起こさせる文言を削除した。

© Science Source / アフロ

ない教育……そして、投票権のことである。みなさん、いかがですか？」

バイヤードはかつてこれほど多くの人の前で話したことはありませんでした。公民権運動の指導者たちが公共の場で、バイヤードに演説する機会を与えなかったからです。バイヤードはかつてこれほど重要な役割を与えられたことはありませんでした。この日は、アメリカにとってもバイヤードにとっても、きわめて重要な一日となりました。

ケネディ大統領はホワイトハウスのテレビでバイヤードを見つめていました。そして、アフリカ系アメリカ人が生まれながらの権利である第一級市民にすぐにもなれるよう尽力すると心に誓ったのです。

1963年に行われた「雇用と自由を求めるワシントン大行進」は、合衆国史上最大、かつ、もっとも重要な非暴力の公民権運動となりました。25万人の参加者は徐々に、それぞれの住む地域に向かって帰り始めました。バイヤードは、わが師とあおぐランドルフが、ひとりステージにたたずんでいるのを目にとめました。

バイヤードはのちにそのときのことを語っています。「ランドルフさんが疲れているのがわかりました。わたしは、『ランドルフさん、とうとう長年の夢がかないましたね』と話しかけました。見ると、幾筋もの涙がランドルフさんのほおを伝っていました」

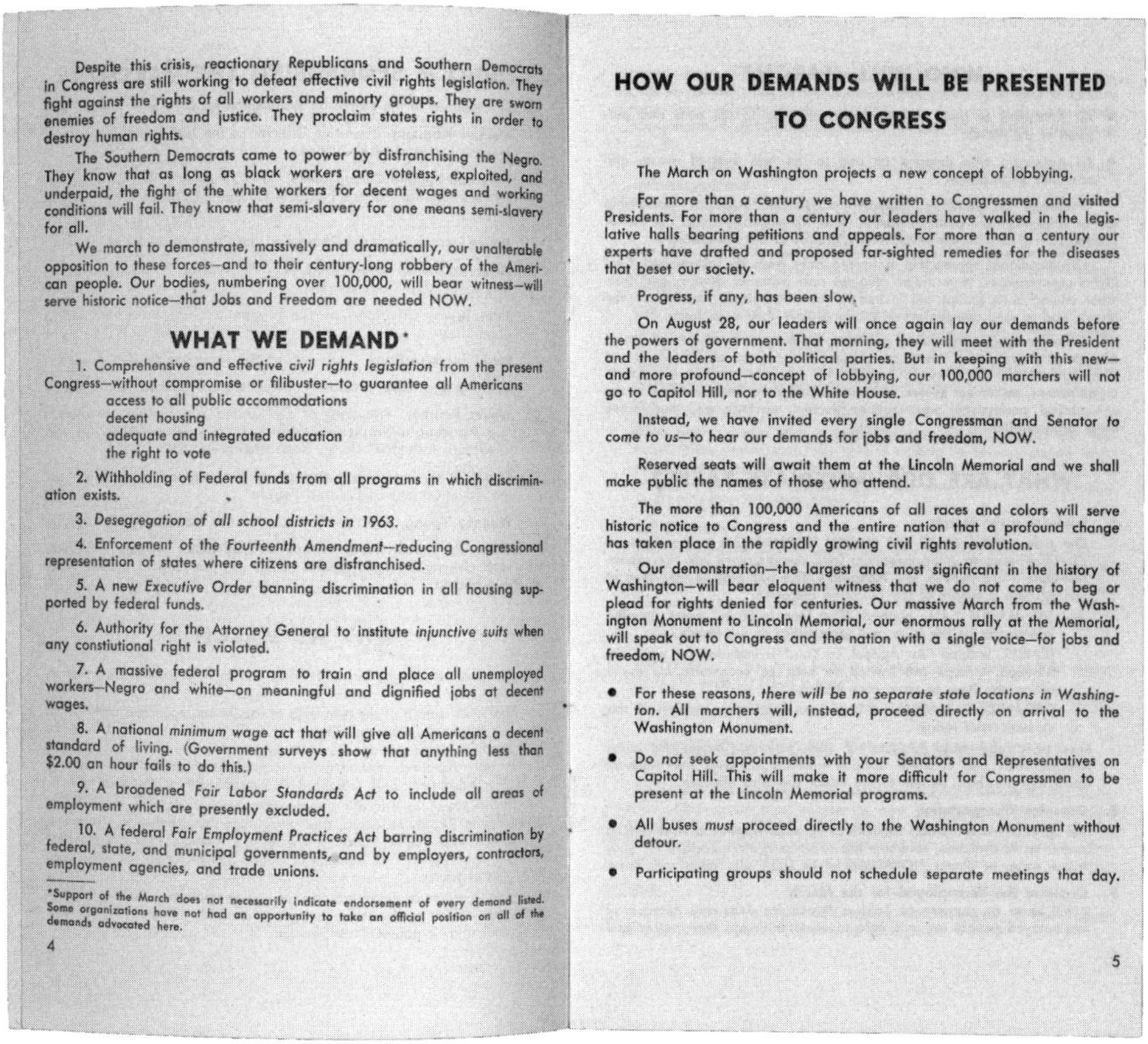

Despite this crisis, reactionary Republicans and Southern Democrats in Congress are still working to defeat effective civil rights legislation. They fight against the rights of all workers and minorty groups. They are sworn enemies of freedom and justice. They proclaim states rights in order to destroy human rights.

The Southern Democrats came to power by disfranchising the Negro. They know that as long as black workers are voteless, exploited, and underpaid, the fight of the white workers for decent wages and working conditions will fail. They know that semi-slavery for one means semi-slavery for all.

We march to demonstrate, massively and dramatically, our unalterable opposition to these forces—and to their century-long robbery of the American people. Our bodies, numbering over 100,000, will bear witness—will serve historic notice—that Jobs and Freedom are needed NOW.

WHAT WE DEMAND*

1. Comprehensive and effective *civil rights legislation* from the present Congress—without compromise or filibuster—to guarantee all Americans
   access to all public accommodations
   decent housing
   adequate and integrated education
   the right to vote

2. Withholding of Federal funds from all programs in which discrimination exists.

3. *Desegregation of all school districts in 1963.*

4. Enforcement of the *Fourteenth Amendment*—reducing Congressional representation of states where citizens are disfranchised.

5. A new *Executive Order* banning discrimination in all housing supported by federal funds.

6. Authority for the Attorney General to institute *injunctive suits* when any constitutional right is violated.

7. A massive federal program to train and place all unemployed workers—Negro and white—on meaningful and dignified jobs at decent wages.

8. A national *minimum wage* act that will give all Americans a decent standard of living. (Government surveys show that anything less than $2.00 an hour fails to do this.)

9. A broadened *Fair Labor Standards Act* to include all areas of employment which are presently excluded.

10. A federal *Fair Employment Practices Act* barring discrimination by federal, state, and municipal governments, and by employers, contractors, employment agencies, and trade unions.

*Support of the March does not necessarily indicate endorsement of every demand listed. Some organizations have not had an opportunity to take an official position on all of the demands advocated here.

4

HOW OUR DEMANDS WILL BE PRESENTED TO CONGRESS

The March on Washington projects a new concept of lobbying.

For more than a century we have written to Congressmen and visited Presidents. For more than a century our leaders have walked in the legislative halls bearing petitions and appeals. For more than a century our experts have drafted and proposed far-sighted remedies for the diseases that beset our society.

Progress, if any, has been slow.

On August 28, our leaders will once again lay our demands before the powers of government. That morning, they will meet with the President and the leaders of both political parties. But in keeping with this new—and more profound—concept of lobbying, our 100,000 marchers will not go to Capitol Hill, nor to the White House.

Instead, we have invited every single Congressman and Senator *to come to us*—to hear our demands for jobs and freedom, NOW.

Reserved seats will await them at the Lincoln Memorial and we shall make public the names of those who attend.

The more than 100,000 Americans of all races and colors will serve historic notice to Congress and the entire nation that a profound change has taken place in the rapidly growing civil rights revolution.

Our demonstration—the largest and most significant in the history of Washington—will bear eloquent witness that we do not come to beg or plead for rights denied for centuries. Our massive March from the Washington Monument to Lincoln Memorial, our enormous rally at the Memorial, will speak out to Congress and the nation with a single voice—for jobs and freedom, NOW.

- For these reasons, *there will be no separate state locations in Washington.* All marchers will, instead, proceed directly on arrival to the Washington Monument.
- Do *not* seek appointments with your Senators and Representatives on Capitol Hill. This will make it more difficult for Congressmen to be present at the Lincoln Memorial programs.
- All buses *must* proceed directly to the Washington Monument without detour.
- Participating groups should not schedule separate meetings that day.

5

バイヤードは「ワシントン大行進」の要求項目を、上の写真にあるように指示書にも掲載した。

19 暴動

大成功をおさめた「ワシントン大行進」から18日後、４人の黒人少女が殺されました。アラバマ州バーミングハムにある16番通りバプティスト教会が、白人人種差別主義者によって爆破され、日曜学校に来ていた４人の少女がその犠牲になったのです。アディ・メイ・コリンズ、キャロル・ロバートソン、シンシア・ウェスリーの３人は14歳。デニス・マクネアはわずか11歳でした。

衝撃を受け、怒りに震えたバイヤードは「喪に服す日」を計画します。バイヤードは参加者に、一カ所に集まるのではなく、それぞれの地域で黒い腕章やリボンをつけて黙って行進してほしいと伝えました。ニューヨーク市では１万人以上が集まり、４人の少女殺害やアフリカ系アメリカ人に対するあらゆる暴力に抗議しました。

バイヤードはその抗議集会で熱のこもった演説を行い、連邦政府に対して、公民権を求めて闘うアフリカ系アメリカ人を守るよう要求しました。「１００の都市で非暴力蜂起をしよう。何度でも座り込みをし、また立ち上がり、そして刑務所に入ろう。人種差別の壁がなくなる日まで」とバイヤードが呼びかけると、集まっていた人たちは喝采を送りました。

ケネディ大統領は人種差別を撤廃する法案を提出していましたが、その法案が議会を通過する前（１９６３年11月22日、日本時間の11月23日）に暗殺されてしまいます。あとを継いだリンドン・ジョンソン大統領は法案を通過させ、１９６４年7月2日、公民権法に署名しました。

しかし、恐ろしい暴力は続きます。公民権法が署名された2週間後、ニューヨークの非番の警官がアフリカ系アメリカ人の若者を射殺しました。数千人のハーレム居住者は怒りを爆発させ、通りをかけぬけては窓ガラスを割り、建物を壊し、火をつけました。すると警官は、黒人を追い回したり、殴ったり、銃で撃ったりしました。

バイヤードは、残忍な警官にも、暴行を繰り返すハーレム住民にも怒っていました。バイヤードは治安を回復すべく、古巣のハーレムに急行します。しかし、バイヤードが住民に、銃を捨て、非暴力の力を信じてくれと言うと、ブーイングとあざけりの声が一斉に上がりました。バイヤードが平和的に行進しようとすると、住民につばをかけられ、侮辱され、脅迫されました。住民は警官の暴力や脅しに嫌気がさしていたので、バイヤードがいくら非暴力を訴えても、もう住民の心には響かないようでした。

そんなとき再び、暴力事件が起こります。今度はアラバマ州です。アフリカ系アメリカ人が投票権*23を求めて、セルマから州都モントゴメリまでの50マイルを行進しようと計画していました。平和的に行進する525人の参加者が、歩き始めたばかりと言ってもいいセルマ郊外の橋に着いたときです。参加者は待ち構えていた警官（騎馬の警官もいた）に警棒や催涙ガスで襲われました。警官に殴られずに安全な場所に逃げられた人もいますが、多くの参加者は重傷を負って道路に倒れました。警官が参加者を襲撃するシーンは全米にテレビ中継されました。この日、1965年3月7日はやがて「血の日曜日」と呼ばれるようになります。

その2週間後、再びセルマからモントゴメリまでの行進が計画されました。ハーレムにいたバイヤードは、投票権を求めるアラバマでの行進に連帯を示す集会を開き、アラバマにいるキング牧師には暴力に対抗する最善の方法を助言しました。1965年3月21日、8000人の人たちがセルマを出発しました。3月25日にモントゴメリに到着するころには、参加者は2万5000人にふくれあがっていました。バイヤードとランドルフは行進

ハーレムでの暴動は３日も続き、ブルックリンにまで広がった。

の終点である州議会議事堂前の階段で行進参加者を出迎えました。

キング牧師の演説が始まりました。「われわれの目的は白人を負かしたり侮辱したりすることではなく、白人の友情と理解を勝ち取ることだ。われわれが求めるのは、平和で分別のある社会だ。白人だけでも、黒人だけでもなく、すべての人が人間として生きられる社会である」

セルマからモントゴメリまでの行進が、１９６５年の投票権法の可決に道を開き、アフリカ系アメリカ人はなんの嫌がらせも脅しも受けずに、投票権を行使できるようになりました。バイヤードは、ジョンソン大統領が歴史的な投票権法に署名するのをホワイトハウスで見ていました。その日は、非暴力で行進に参加したすべての人にとって、輝かしい勝利の日となりました。

しかし、ジョンソン大統領が投票権法に署名した5日後、また暴動が起こります。ロサンゼルスの貧しい黒人街ワッツで、白人警官がアフリカ系アメリカ人の若者を酔っ払い運転の容疑で逮捕しました。神経をとがらせていた群衆が現場に集まり、警官と群衆のあいだで暴力の応酬が始まりました。これが6日間におよぶ暴動の引き金となりました。暴徒は火をつけ、窓を割り、車をひっくり返し、店を略奪しました。カリフォルニア州知事は、

ハーレムの暴動現場でのバイヤード（右）。アフリカ系アメリカ人が自由を求めて闘うためには、暴力も含めていかなる手段も使うべきだという主張が徐々に支持されるようになっていたが、バイヤードはその考えには反対だった。

秩序を回復すべく1万4000人の州兵をワッツ地区に派遣しましたが、暴動が終わるまでに34人が死に、約1000人が負傷し、4000人以上のアフリカ系アメリカ人が逮捕されました。

バイヤードはキング牧師に同行して、破壊されたワッツ地区を見て回り、損害の程度を調べ、暴徒に話を聞きました。「われわれは勝利した」と言う若者に、バイヤードは、「どうして君たちが勝ったと言えるのか。家が壊され、黒人が通りで死に、君たちが食料や服を買う店が破壊されているというのに」と問いかけました。すると若者は、「われわれはまちがいなく勝った。全世界に目を向けさせることができたじゃないか」と答えました。非暴力の闘いは、魅力を失いつつあるようでした。とりわけ南部以外の都市部ではその傾向が顕著でした。

用語解説および関連事項

＊23【投票権】　１８７０年、アフリカ系アメリカ人は憲法修正第15条によって投票権を与えられました。のちに最高裁が出した決定で人種差別が終わったわけではないのと同じで、憲法で投票権が与えられたからといって、黒人が前より容易に一票を投じられるようになったわけではありません。南部の選挙管理委員によって、たいていのアフリカ系アメリカ人は有権者登録を妨害されました。「学力テスト」や歴史に関する難問に合格しなければならず、ときには、「石けん1個から何個の泡が出るか」といったばかげた質問に答えさせられることもありました。白人に人頭税が課されることはまずありませんでしたが、黒人が投票するには人頭税を払わなければなりませんでした。白人市民会議やクー・クラックス・クラン（ＫＫＫ）などは、黒人が有権者登録しようとすると、危害を加えるぞ、殺すぞと言って脅しました。

20 キング牧師暗殺

バイヤードは、都市部での暴力の根本的な原因は、貧困や失望、絶望だと考えました。バイヤードが師とあおぐランドルフ、マステ、ノーマン・トマス（社会主義者で平和主義者）の3人も、法のもとの平等が実現したあとは、生活できるだけの賃金や、一定の基準を満たした学校、万人のための医療を求めるためのさらに大きな闘いが必要だと考えていました。そこで、こうした問題に対処するために、1964年、A・フィリップ・ランドルフ研究所が設立され、バイヤードは常任理事に就任しました。

バイヤードはランドルフ研究所で働きながら、キング牧師に公民権運動に関する助言を続けていました。しかし、ベトナム戦争[*24]、ブラック・パワーという考え方、貧困との闘いという3つの大きな問題について、次第にキング牧師と意見のくい違いが出てきました。

1965年にニューヨークで開かれたベトナム戦争に抗議する集会で、バイヤードは1万7000人の参加者に「通りに出て街頭で抗議しよう」と呼びかけ、ほかの演説者とともに2000人の参加者を率いて、国連本部まで戦争反対のデモ行進を行いました。バイヤードも仲間の平和主義者も、戦争をしながら平和を構築するという考え方は、矛盾しているし、不道徳だし、うまくいくわけがないと思いました。バイヤードは、1964年にノーベル平和賞を受賞していたキング牧師にも、戦争反対の立場を公にするように助言しました。

しかし戦争が泥沼化すると、バイヤードは、アメリカの介入を止めさせることにしか関心がないような仲間の反戦主義者とも対立するようになります。バイヤードは、アメリカとベトナム双方に「殺し合いをやめさせ、交渉のテーブルにつかせたい」と思っていました。ただ「アメリカ兵をうちに連れ帰れ（ベトナム反戦歌の一節）ばいい」という問題ではありませんでした。

1965年以降、バイヤードはキング牧師に、ベトナム戦争のことを話すときには気をつけるように言っていました。キング牧師が公民権運動とベトナム反戦を結びつければ、ベトナム戦争支持者の支持を失うことになると思ったからです。

キング牧師はそうは思いませんでした。特に、アメリカ軍に殺されたベトナムの子どもの生々しい写真を見てからは、心をかき乱され、ベトナム戦争に対してもはや黙っていることはできないと感じるようになります。キング牧師はまた、戦場で死ぬアフリカ系アメリカ人兵士の割合が、白人兵士の死者の割合よりずっと高いことにも憤っていました。キング牧師はベトナム戦争反対を公然と訴え始め、1967年4月にはセントラルパークから国連本部まで平和行進を行いました。

バイヤードはキング牧師と行動をともにしませんでした。

バイヤードとキング牧師のあいだの溝は、1966年に表面化してきたブラック・パワーの問題を巡ってさらに深まりました。キング牧師と学生非暴力調整委員会委員長のストークリー・カーマイケルは、投票権を求めるミシシッピ州横断行進に参加しました。行進は非暴力で行われましたが、明らかにこれまでとは違っていました。

ひとつには、ミシシッピ州グリーンウッドでの集会で、カーマイケルが参加者に対して、「われわれにはブラック・パワーが必要だ！　黒人には権力が必要だ！」と唱和してくれと呼びかけたことによります。参加者がこれを繰り返し口にすることで、怒りが増幅していくように見えました。

グリーンウッドの集会からまもなく、学生非暴力調整委員会は、暴力を使って黒人だけの公民権闘争をしようと呼びかけますが、この呼びかけによって公民権運動は分裂してしまいます。バイヤード、ランドルフ、キング牧師、全米黒人地位向上協会のウィルキンスのグループは、非暴力で人種差別撤廃を勝ち取ろうとしていました。それに対して、カーマイケルやブラック・パワー運動の好戦的な若者は、目的を達成するためには人種を分離することにも、暴力をちらつかせることにも積極的なようでした。

バイヤードとキング牧師は、ブラック・パワーが問題だという点では一致していましたが、それにどう対応するかで意見が異なっていました。バイヤードはブラック・パワーを公の場で批判していただけでなく、1966年10月、ニューヨークタイムズ紙に、ブラック・パワーが暴力や人種の分離をちらつかせていることを非難する意見広告を出しました。バイヤードはキング牧師に、ほかの公民権運動指導者といっしょに署名してほしいと頼みましたが、キング牧師はこれを拒んだだけでなく、バイヤードのやり方を公然と批判しました。

バイヤードとキング牧師は、貧困問題を解決する最善の方法はなにかという点でも意見が異なっていました。1966年の終わりごろ、ランドルフ研究所とバイヤードは、すべての貧しいアメリカ人の貧困と失業をなくし、生活の質（住居、教育、医療）を改善すべく、「すべてのアメリカ人のための自由予算」と称する1850億ドルの予算案を提案しました。

バイヤードは、自由予算の提言は公民権運動を「抗議から政治へ」と前進させるための一過程だととらえていました。直接行動はもはや公民権運動を前進させる最善の方法ではなく、市民によって選ばれた議員に対して、公民権法や反貧困政策を要求していくときが来たと考えたのです。

バイヤードの仲間のうち過激な反戦運動をしている人たちは、自由予算では軍事費が削減されないことに気づいてとまどいました。怒り出す人さえいました。かつてバイヤードはキング牧師に対して、ベトナム戦争支持者が公民権運動に背を向けないようにするために、声高にベトナム戦争反対と言わないようにと助言していたのですが、それと同じで、議会で軍事費削減を要求した場合、ベトナム戦争支持者はその予算案に賛成しないだろうと考えたのです。しかし、ベトナム戦争には莫大な費用がかかるという厳しい現実があり、いずれにしてもその予算案が議会を通過する見込みはありませんでした。

1967年の終わりごろ、キング牧師はまだ直接行動が必要だと考えていたので、人種を問わず数千人の貧しい人たちに、ワシントンに行って、雇用や医療、教育など生きるに欠かせないものを要求しようと呼びかけました。この「貧者の行進」運動が行われているあいだ、参加者は、首都ワシントン中心部にあるナショナル・モール（ワシントン記念塔やリンカン記念堂がある国立公園で、かつてワシントン大行進が行われた場所）にテントを張り、政治家の事務所に要求を持っていったり、議会や通りに座り込みをして市民的不服従を実践したりしました。

暴力を警戒して、バイヤードはこの運動には加わりませんでした。「キング牧師は4月に『貧者の行進』を計画しているが、その効果について、わたしははなはだ疑問に思っている」と、バイヤードは1968年2月の段階で記者に語っています。キング牧師はバイヤードが個人的に助言してくれることには感謝していましたが、自分への批判を公共の電波で流したことには、裏切られたという思いでした。バイヤードも、キング牧師の戦略会議に呼ばれることはもうないだろうと思いました。

バイヤードにとってはつらい日々でした。キング牧師とはしだいに多くを共有できなくなっていましたし、古くからの友人には敵だと思われていました。ベトナム戦争によって、社会の変革に必要な財源は枯渇し、暴力は世界じゅうで起こっています。事態は悪化の一途をたどっていました。

1968年4月4日、キング牧師はテネシー州メンフィスにいました。作業の安全性向上と賃上げを求める清掃作業員たちのストライキを支持するためのイベントの準備を進めていたのです。キング牧師は、ロレイン・モーテルのバルコニーにひとりで立っているときに、ジェイムズ・アール・レイという白人男性に射殺されてしまいます。ジェイムズは高校中退者で、脱獄囚でもありました。

バイヤードは打ちのめされます。翌朝、飛行機でメンフィスに向かいましたが、搭乗してから飛行機は首都ワシントンに着陸すると知らされます。ジョンソン大統領が公民権運動の指導者との緊急会議を招集していたのです。大統領は、キング牧師の暗殺によって全米で暴力事件の起こることを危惧していました。

やっとのことでメンフィスに到着したバイヤードは、キング牧師が計画していた非暴力の行進を実現させ、報道機関に対して、「キング牧師をたたえる最善の方法は、人権を認め、人種のいかんにかかわらず経済的な平等を実現することだ」とする声明を出しました。

キング牧師の死後、苦しい日々が続きました。都心周辺の低所得者層が住む地域では、アフリカ系アメリカ人が怒ったりやけになったりして、暴徒化していました。この先どうなるのか、だれにも予測がつきません。バイヤードは、「マーティン・ルーサー・キング

1968 年 4 月 8 日、コレッタ・スコット・キング（中央）と、公民権運動、労働運動、宗教団体の主要な指導者たちは、無言の行進を行い、メンフィスの清掃作業員への支持を示すとともに、マーティン・ルーサー・キング・ジュニアの生涯と業績をたたえた。ラルフ・アバーナシー（中央付近、薄い色のコートを着ている）とアンドリュー・ヤング（公民権運動の指導者で、キング牧師の親友）の後ろにバイヤードの姿が見える。

の死によって、だれにも、たとえわたしと10人の人が集まっても、決して埋めることのできない、途方もなく大きな穴があいてしまった。それでもわたしたちは、なんとかがんばっていかなければならない」と、手紙に書いています。

キング牧師の妻コレッタ・スコット・キングは、夫の親友であるラルフ・デイヴィッド・アバーナシー牧師に南部キリスト教指導者会議の議長を引き継いでくれるよう依頼しました。バイヤードは「貧者の行進」運動を手伝いたいと申し出たのですが、バイヤードと南部キリスト教指導者会議は性格も戦術も違っていました。バイヤードは身を引くしかありませんでした。

それでも、バイヤードはがんばり続けましたが、容易ではありませんでした。1955年から1968年までキング牧師が率いた歴史的な公民権運動は、新たな方向性も決まらぬまま停滞してしまいます。バイヤードのかつての仲間で過激な平和運動を展開していた人たちの多くは、バイヤードのことを世界平和という大義に対する裏切り者だと思っていました。

バイヤードの師であるランドルフはまだ尊敬されてはいましたが、かつてのような偉大な闘士ではなくなっていました。バイヤードは孤独でした。しかし、あきらめてはいませ

キング牧師が暗殺されたことで、この写真の首都ワシントンも含め、100 カ所以上の都市で暴動が起こった。

んでした。「生き続けて、平等な社会を実現するという責任を果たすために、わたしはすべての人の解放をめざして闘い続けなければならない」とバイヤードは書いています。どんなにつらい人生を送ることになろうとも、人間の自由という「大義」を捨てる選択肢はバイヤードにはありませんでした。

用語解説および関連事項

＊24【ベトナム戦争】 南アジアの小さな国、ベトナムでの戦争は、北ベトナムの親共産主義政府と南ベトナムの反共産主義政府との戦いでした。アメリカ合衆国は反共産主義勢力を支援するために、１９５０年にはすでに軍事顧問団を送っていましたが、やがて軍隊そのものを送るようになります。派遣された地上部隊の数は、ジョンソン政権のときに最大になります。毎晩、戦闘の様子がテレビニュースで流れ、アメリカ人は茶の間で戦争を見ることになりました。

21 ゲイの人権

1969年の時点で、バイヤードは20回以上投獄されていました。敵に襲われたことも、殺すと脅されたことも、一度や二度ではありません。「爆破された教会にいたこともあります。親友も親しい仲間も武装した同僚も殴られたり殺されたりしました」と、バイヤードは書いています。バイヤードの仕事は精神的にも肉体的にも危険で困難なものでした。

1971年にバイヤードに会った叔母のベッシーは、自分の体を大事にするようにとバイヤードに手紙を書いています。「おまえはあちこちから引っ張りだこで忙しすぎる。おまえのことがとても心配だよ。落ち込んでいるんじゃないかい？　愉快で陽気な以前のおまえはどこにいってしまったの？」

1971年末、バイヤードは心臓発作を起こして、数カ月の療養を余儀なくされました。再び健康を回復すると、チリ、パラグアイ、エルサルバドル、グレナダ、ハイチ、レバノン、ポーランド、ジンバブエ、南アフリカに出向いて、民主主義を推進し人権意識を高める活動に取り組みました。また、ソ連におけるユダヤ人迫害を調査している組織とともに活動し、ユダヤ人国家のイスラエルを支持すると公言するようになります。

バイヤードは難民――戦争や暴力、迫害から逃れるためにほかの国に逃亡した人たち――を助ける活動にも熱心に取り組みました。アフリカやラテン・アメリカ、東南アジアの難民キャンプを訪れて、そのときのことを、「難民キャンプには人があふれ、子どもたちは栄養不良、病人はまともな医療も受けられない。自国に帰ればほぼまちがいなく死の危険に直面するこうした人々は希望を持てずにいる」と書いています。アメリカに戻ったバイヤードは政治家たちに、難民キャンプに物資や資金を送ってほしい、難民がアメリカに定住できるようにしてほしいと要請しました。

1977年4月、バイヤードはメンフィスで労働者と連帯するデモを行い、13日の日暮れどき、ニューヨークに戻ってきて、タイムズ・スクエア42丁目の交差点で信号が変わるのを待っていました。そこでバイヤードは、近くの店に行こうと信号待ちをしていた男性と何気なく話し始めます。ふたりは気が合い、会話は数時間に及びました。その男性ウォルター・ネーグルはバイヤードの生涯のパートナーとなりました。出会ったときバイヤードは65歳、ウォルターは27歳でした。

ウォルターはバイヤードの人生でとても重要な役割を果たします。バイヤードが長年疎遠になっていた友人たち、とりわけ、ベトナム戦争当時バイヤードを裏切り者として拒絶した過激な平和活動家とよりを戻すのに一役買ったのも、「ゲイの権利のために発言してほしいと言う人たちと会ってみたらどうか」とバイヤードに勧めたのもウォルターでした。

バイヤードはさまざまな社会活動を精力的に行ってきましたが、ゲイの人権運動にはあまりかかわってきませんでした。しかし、自分の性的指向がどのようなものであっても、人権活動家として、ゲイの人権問題には取り組むべきだと考えました。生存権も自由権もすべての人のものだからです。「自分がゲイだから、あるいは黒人だからという理由で活動しているわけではありません。わたしの活動の根底にあるのは、クエーカーの教えであり価値観です。それは育ての親である祖母にたたき込まれたものです。クエーカーの価値観は、人類はひとつの家族であるという考えと、その家族の構成員はみな平等だという信念に基づいています」と、バイヤードは手紙に書いています。

1980年代初め、バイヤードはゲイの人権を擁護する活動を始めます。[*25] まず、ゲイの人権活動家グループに講演しました。そのとき、しばしば言っていたのは、ゲイやレズビアンに対する差別や偏見をなくすことは、合衆国における人権問題を前進させるために今なすべき、もっとも重要なことなのではないかということでした。「今が民主主義の世の中であると確信をもって言えるかどうか、また、人権活動家と呼ばれる人たちがほんとうに人権活動家であるかどうか知りたければ、『ゲイの人たちについてはどう考えますか?』と聞いてみるといい。この問いこそ、今の民主主義がどのようなものであるか判断するためのリトマス試験紙であるからだ」とバイヤードは述べています。

1985年、バイヤードはゲイの人権問題にますます深く関わるようになり、ニューヨーク市長のエド・コッチと市議会に対して、ゲイやレズビアンへの差別を違法とする法案を通すよう求めます。これまで自分が経験してきたことを引き合いに、「特定の集団がことさら不当な扱いを受けているとすれば、偏見や、不寛容、いじめを経験しないですむ集団はどこにもないということを過去の歴史は物語っている」と明言しています。

バイヤードにとっては、差別を受けているのがどの集団かということは問題ではありませんでした。どんな差別もすべてまちがっているからです。

バイヤードはインタビューに答えてこう述べています。

「もしゲイへの差別をなくしたいのであれば、ゲイへの差別をなくしただけでは十分ではありません。だれに対する差別もなくす運動を前進させて初めて、ゲイへの差別もなく

難民キャンプを訪問中のバイヤード。バイヤードが特に関心を寄せていたのは子どもたちだった。子どもたちをちょっとでも喜ばせようと、いっしょに歌ったり踊ったりした。

すことができるのです。すべての人のために闘い続けることで、ゲイや黒人、ヒスパニックの権利も、女性の権利も勝ち取ることができるのです」

バイヤードは最晩年に、さまざまな組織や大学から、公民権や人権への長年の貢献に対して数々の名誉や賞を与えられます。バイヤードは大学の学位を取ることはできませんでしたが、アメリカの一流大学から名誉学位を受けるまでになりました。しかし、申し出があったからといって、すべての賞を受けていたわけではありません。1980年、ニューヨークのイェシーバー大学から名誉学位の申し入れがあったときには断っています。大学当局が、教職員労働組合との交渉を拒否したことに反対していたからです。

晩年のバイヤードは決して孤独ではありませんでした。ウォルターと長い時間をいっしょに過ごし、音楽を聴いたり、料理をして友人にふるまったり、旅行をしたりしました。もちろん、当時は合法的に結婚することはできませんでした（2004年、全米で初めて、マサチューセッツ州が同性婚カップルに結婚の認定証を発行した）。結婚できないことで得られない法的権利をいくらかでも回復するために、バイヤードはウォルターと正式に養子縁組をする方法をとりました。

ふたりは仕事もいっしょにこなしました。1987年7月、バイヤードの75歳の誕生日から4カ月後、ハイチに出かけ、予定されていた民主的な選挙の準備状況を調査しました。7月末にニューヨークに戻ったバイヤードは腹痛に苦しむようになります。8月21日、痛みがさらにひどくなると、ウォルターはバイヤードを病院に連れていきました。診断の結果、虫垂が破裂しているとわかりました。緊急手術が行われましたが、その3日後、バイヤードは心臓発作で亡くなりました。

10月、バイヤードの友人たちが集まり、ニューヨーク市のコミュニティ教会でお別れ会が行われました。長年の友人で、学生非暴力調整委員会の委員長を務めたことのあるジョン・ルイスが弔辞を述べました。ルイスは少し前に国会議員に選出されたばかりでした。「バイヤード・ラスティン！　まったく、なんという人生だったんだ！」弔辞の最初のひとことを聞いた参列者の顔から笑みがこぼれました。バイヤードが生涯にわたって、逮捕されるようなことを次々と考えては実行に移してきたことを、みなよく知っていたからです。

＊25【ストーンウォール、ゲイ・プライド、そして、ゲイの人権】　１９６９年、アメリカに同性愛者の人たちが集まれる場所はほとんどありませんでした。ニューヨーク市のグリニッジ・ビレッジにあるストーンウォールという酒場のように、ゲイの客を歓迎するところがあるにはあったのですが、そうしたゲイ・バーには、よく警官の強制捜査が入り、お客は逮捕されました。６月28日未明、ストーンウォールにも強制捜査が入りました。長年、警官に嫌がらせを受けてきた常連客はもううんざりしていました。大勢の人が集まってきて、やがて暴動が起こります。この暴動によって、ゲイの人権運動が始まったと考えられています。

ストーンウォールの強制捜査から1年後、グリニッジ・ビレッジは第一回のゲイ・プライド・パレードを実施します。全米の都市が独自のゲイ・プライド・パレードを実施し、２年たたないうちに、すべての大都市で、ゲイの人権組織ができました。ゲイやレズビアンの人たちは自分たちの文化を誇りに、公民権を求めて闘いました。

１９７３年、アメリカ精神医学会は、同性愛を精神疾患のリストから外しました。

22 自由の鐘を鳴らそう

バイヤードは、クエーカーの価値観から、ほかの人が苦しんでいるのを傍観していることはできませんでした。しかし、バイヤード自身はほかの人に受け入れられずに苦しみました。バイヤードの業績は長い間ほとんど認められることはありませんでした。人目につかないところで仕事をしなければならなかったからです。バイヤードの死後ようやく、バイヤードの業績は世間に認知されるようになります。

バイヤードの生まれ故郷、ペンシルベニア州ウエストチェスターの住民たちは、世界平和と公民権に多大な貢献をしたバイヤードをたたえるために大胆な計画を立てます。2002年5月、ウエストチェスター学校区の校名検討委員会は、新設高校にバイヤードの名をつけることにしたのです。しかし、その計画は思わぬ障害にぶつかります。委員のひとりが読んだ記事に、バイヤードが第二次世界大戦への従軍を拒否して投獄されたことや、ゲイだということが書いてあったのです。

6700万ドルをかけて建設される学校にバイヤードの名をつけることに反対する550人の署名を集めた請願書が、教育委員会に提出されました。校名検討委員会は調査を開始し、地域住民の意見を聞くことにしました。11月20日の夜、500人の住民がバイヤード・ラスティンについて意見を述べるために、ウエストチェスターのステットソン中学校に集まってきました。住民はひとり3分ずつの発言時間が与えられました。ほとんどの人がバイヤード・ラスティン高校という校名に賛成でしたが、4分の1の人は反対でした。

「だれかの名にちなんだ校名にするなら、子どもたちに誇りに思ってもらえる人の名にするべきだ。ラスティンは……アメリカの恥だ」「バイヤードは共産主義者で、反米的、裏切り者だ」「あいつは法律違反をした」「あいつはゲイだ」さまざまな反対意見がありました。

それでも校名検討委員会は決定を覆しませんでした。報告書には、「われわれは新設高校の校名を変えるに足る理由をなにひとつ見ることも読むことも聞くこともできなかった。情報を得れば得るほど、ラスティンの名がふさわしいと確信するに至った」と記されていました。教育委員会は6票対3票で、委員会の決定を承認しました。

バイヤード・ラスティン高校は2006年9月に開校しました。校区の住民のほとんどは保守的な白人でした。

ほかにもすばらしいことが起こりました。ウエストチェスター大学は1999年、2日間にわたって、バイヤードについての会議を開催したのです。作家や活動家、ジョン・ルイス議員などバイヤードの友人たちが集まり、バイヤードの人生と残した業績について話し合いました。3年後、ウエストチェスター大学は、思いやりと勇気のある人をたたえるバイヤード・ラスティン賞を創設しました。また2014年には、バイヤードに公共奉仕の名誉博士号を授与する決定をし、ウォルターを招いて代わりに受け取ってもらいました。その1年前には、近くのチェイニー大学がバイヤードに名誉人文学博士号を授与しています。

アメリカ・フレンズ奉仕団は1955年に、米ソ冷戦時代の覇権争いに関する小冊子『権力に真実を突きつけよ』を発行しましたが、バイヤードの名は著者名簿に載せられることはありませんでした。2010年9月になって、アメリカ・フレンズ奉仕団理事会は、著者名簿にバイヤードの名を復活させることにしました。2012年に同冊子が再版された際には、著者名にバイヤードの名を加え、同冊子に対するバイヤードの貢献を認めるに至る経緯を説明し、併せて、バイヤードに謝罪しました。

バイヤードが亡くなってから、バイヤードに関する本が書かれ、演劇が上演され、映画が制作されるようになりました。2003年に公開されたドキュメンタリー映画『ブラザー・アウトサイダー——バイヤード・ラスティンの生涯』は、いくつもの賞を受賞し、非営利の公共放送ネットワークで全米に放送され、100万人以上の人が鑑賞しました。「雇用と自由を求めるワシントン大行進」からきっかり50年の2013年8月28日、1963年とまったく同じように、ワシントン記念塔からリンカン記念堂までのナショナル・モールには大勢の人が集まりました。大行進の50周年を祝うセレモニー「自由の鐘を鳴らそう」（50年前のキング牧師の演説の一節）を開催するためです。

この日、ワシントン記念塔の周りには建築用の足場が組まれていました。2年前の地震で壊れたところを修理するためです。何万人という人たちが保安検査を待って列をなしています。金属の柵が巡らされた反射池には、足を垂らして涼みに行くことはできません。観衆も演説者も、小雨に濡れないように、ビニールのポンチョを着て、傘をさしていました。

この日、数十人が4時間以上にわたって、大観衆を前に演説をしました。演説者のほとんどはキング牧師の偉業をたたえていましたが、大行進や公民権運動で大きな役割を果たしたバイヤードに感謝の言葉を述べる人もたくさんいました。

友和会事務局長のクリスティン・ストーンキングもそのひとりで、「バイヤードは、精神の鍛錬が必要な非暴力に生涯をかけて取り組みました。このことは、非暴力が決して消極的なものではないということを証明しています。バイヤードは、異性愛者であってほしいという社会の期待に応えることはありませんでした。バイヤードは他国との戦争に反対しました。そのために、第二次世界大戦中、良心的兵役拒否者として投獄されることも厭《いと》いませんでした。バイヤードは、人間の味方でした。だから、人間が、人種を理由に名誉を傷つけられたり分離されたりすることにノー！　と言い続けたのです」とバイヤードをたたえました。そして、人種差別や軍国主義に反対する人たちに、「どうか、バイヤードやキング牧師がとった方法、非暴力と平和の道を選んでください」と説きました。

その日の参加者の中には、50年前に同じ場所でキング牧師の「わたしには夢がある」の演説を聞いて、感銘を受けた人もいました。ジョン・ルイスです。国会議員としてすでに27年目を迎えていたジョン・ルイスは、50年前の演説者の中でただひとりの生存者でした。

演壇に立ったジョン・ルイスは、ほかの多くの演説者と同じように、この50年のあいだに運動は確かに前進したけれど、まだやらなければならないことがあると語りました。

「今でもなお違いばかりを強調して、だれの中にもある神の存在、すなわち、愛や平和を希求する心に目を向けない人が大勢いるからです」。ルイスはA・フィリップ・ランドルフの言葉を思い起こして、「わたしたちは、ここに来るときには別々の船に乗っていたかもしれないが、今はみなひとつの同じ船に乗っています。黒人だとか白人だとか、ラテン・アメリカ系だとかアジア系だとか先住民だとか、同性愛者だとか異性愛者だとか、そんなことはどうでもいいことです。わたしたちはみな等しく人間で、ひとつの家族なのですから」と語りました（訳注：ジョン・ルイスは本書が執筆された当時は存命だったが、2020年7月に亡くなった）。

今回、大統領はホワイトハウスのテレビを見つめてはいませんでした。バラク・オバマ大統領は現地にいました。かつて大統領を務めたジミー・カーターもビル・クリントンもいます。カーターはかつてキング牧師に授与する大統領自由勲章を未亡人のコレッタに手渡したときのことを回想して、「キング牧師はアフリカ系アメリカ人を解放することだけに尽くしたと考えている人がたくさんいますが、そうではなく、彼はすべての人の解放に力を尽くしたのです」と述べました。

クリントンは、17歳のときにアーカンソー州で大行進の模様をテレビで見たと語りました。いまだに不平等なことはたくさん残っているとしたうえで、「しかし今、わたしたちは、はるか50年前のあの夏の日と同様に、手を取り合ってともに栄える道か、互いに反目し合って停滞する道か、選ぶことができるのです」と述べました。

式典で最後に演説したのは、アメリカ初のアフリカ系アメリカ人大統領バラク・オバマでした。彼は、公民権のために非暴力で闘った人たちについて語りました。「憎悪をむき出しにされてもなお、彼らは自分たちを憎む人のために祈りました。暴力をふるわれても、非暴力という強い精神力で、立ち上がったり座り込みをしたりしました。不平等な法律に抗議するために、みずから進んで刑務所に入りました。彼らの独房には自由の歌が響きわたっていました」

オバマ大統領は、「アメリカは、アフリカ系アメリカ人だけでなく、女性やラテン・アメリカ系、アジア系、先住民にとっても、カトリック教徒、ユダヤ教徒、イスラム教徒にとっても、同性愛者にとっても、障害のある人にとっても、50年前より自由で公平な国になりました」と、行進参加者に感謝しました。

それより前の同じ8月、オバマ大統領は、バイヤードの功績に対して大統領自由勲章を授与すると発表しました。バイヤードの最大の功績は、キング牧師が「アメリカ史上もっともすばらしい自由を求める行進」と評したワシントン大行進を計画し、みごとに成功させたことでした。大統領自由勲章は、民間人に与えられる最高の栄誉で、50年前にケネディ大統領に授与したのが最初です。

ウォルター・ネーグルは大統領上級顧問のヴァレリー・ジャレットから電話で、バイヤードに代わって勲章を受け取ってほしいと告げられました。2013年11月20日、ウォルターはバイヤードに代わってメダルを受け取るために、ホワイトハウスに出向きます。

2013年に大統領自由勲章を受章した16人の中には、フェミニストの著述家グロリア・スタイネム、歌手のロレッタ・リン、テレビ司会者で慈善家のオプラ・ウィンフリー、バイヤードとともに公民権運動を闘ったC・T・ヴィヴィアン、それにビル・クリントン前大統領などがいました。セレモニーに先立って、バイヤードとも知り合いだったスタイネムは、自分やC・T・ヴィヴィアン、バイヤードがこの勲章を授与されるのは、1960年代、70年代の社会運動がどれほど重要な意味を持っているか、そして、その運動がアメリカ民主主義の発展にどれほど貢献したかの証《あかし》である、と述べています。

セレモニーが始まると、オバマ大統領は演壇に立って、受賞者一人ひとりを紹介しました。ウォルターは大統領の後ろの席に座っていました。隣にはタム・オショーネシーがいます。オショーネシーは、アメリカ初の女性宇宙飛行士サリー・ライドの生涯にわたるパートナーでした。受賞者が亡くなったあとに勲章が授与される場合、それまでは、亡くなった人の配偶者や子ども、あるいはほかの親族が代わって受け取っていました。タム・オショーネシーとウォルター・ネーグルはそのいずれでもありません。初めて、大統領自由勲章が存命の同性パートナーに手わたされたのです。アメリカが多様なセクシャリティを持つ人たちの尊厳と平等を認めるという点で前進した証です。授与式出席者の中にいたバイヤードの縁者や友人、ウエストチェスターのキャロリン・コミッタ市長は、バイヤードがようやく認められたことに顔をほころばせていました。

オバマ大統領がバイヤードのことを紹介するときが来ました。大統領がまず語ったのは、ワシントン大行進の日、バイヤードが何も書かれていない紙を取り出して、日程を確認するかのようなそぶりで、すべて順調だと記者たちを納得させたことでした。

「バイヤードは確固たる楽観主義者で、鋼鉄の神経の持ち主でした。そして、もっとも重要なのは、バイヤードが、正しい大義のもとで、人々がまとまって行動すれば、わたしたちの行く手をはばむものはないと強く信じていたことです。この偉大な指導者は、キング牧師と長い時間、歩みをともにしたにもかかわらず、何十年と正しく評価されてきませんでした。ゲイであることを隠さなかったからです。どんな勲章も、彼がゲイである事実を変えるものではありません。しかし、わたしたちがどんな人間で、だれを愛しているかに関係なく、わたしたちに代わって真の平等への歩みを進めてくれたバイヤード・ラスティンの業績を、きょう、ここにたたえます」

ウエストチェスターからホワイトハウスへ――バイヤードははるかな道のりを歩いてきました。

バイヤードは生前、与えられた賞や評価には感謝していましたが、自由への道はまだ遠いと思っていました。バイヤードにとって重要なのは、認められることではなくて、任務を遂行することでした。ウエストチェスター高校時代、こんな詩を書いています。

わたしはあなたにきらめく金をくれとは言わない
ほめ言葉も名誉もいらない
わたしのために石で記念碑など建てなくていい
だれにもわたしの名を語ってもらう必要はないのだから

だがわたしの肉体が朽ち
そびえ立つ木々から落ちた種が風に吹き飛ばされてそこに落ちたら
わたしの体からできた肥沃な土に
ひと粒の小さな種が育つのをやさしく見守ってほしい

その種がやがて木となり緑の葉を茂らせますように
その木がわたしの朽ちた体でいつも守られていますように
その緑の木に宿るとこしえの命と歓喜を
どうかあなたが多くの人々に届けてくれますように

バイヤードはすべての人が平等な権利を獲得できるようにと闘いました。それは、人類という家族のメンバーはだれもが平等だという信念に基づいていました。だれか、あるいは、なにかがわたしたちを抑圧したり奴隷にしたりしようとするとき、わたしたちは自分たち自身や自分たちの可能性を信じることができるし、信じるべきだ、そして、不平等に立ち向かい、苦痛を取り除くためには、非暴力で闘うことができるし、非暴力で闘うべきだと思っていました。

バイヤードの闘いはまだ終わっていません。人類というひとつの家族の一員であるわたしたちは、すべての人が自由を獲得する日まで歩み続けなければなりません。

参考になる資料

本

『キング牧師　人種の平等と人間愛を求めて』
辻内鏡人、中條 献［著］、岩波書店、1993

『ローザ・パークス自伝 ―「人権運動の母」が歩んだ勇気と自由への道』
ローザ・パークス［著］、高橋朋子［訳］、潮出版社、2021

『黒人差別とアメリカ公民権運動 ―名もなき人々の戦いの記録』
ジェームス・M・バーダマン［著］、水谷八也［翻訳］、集英社、2007

動画

An unsung hero of the civil rights movement - Christina Greer
公民権運動の知られざるヒーロー、クリスティナ・グリア
https://www.youtube.com/watch?v=NJcUnXTaCgU&t=101s

The Gay Civil Rights Activist Nearly Erased From History
歴史から消えかけたゲイの公民権運動家
https://www.youtube.com/watch?v=rD-ItELhG88

Brother Outsider - the Life of Bayard Rustin
ブラザー・アウトサイダー ―― バイヤード・ラスティンの生涯
https://www.youtube.com/watch?v=BxhKgnyWcuw&t=91s

Bayard Rustin and James Baldwin: Freedom Fighters and Friends
バイヤード・ラスティンとジェイムズ・ボールドウィン
https://www.youtube.com/watch?v=OalPJ3ITHKg

Why A Gay, Black Civil Rights Hero Opposed Affirmative Action — NYT Opinion
ゲイの黒人公民権ヒーローがポジティブ・アクションに反対した理由
https://www.youtube.com/watch?v=fybq5UQn8M8&t=236s

＊この本ではとりあげられなかった当時の写真や、バイヤードの声を聴くことができます。

◇考えてみよう　議論してみよう

❶もし今、バイヤードが生きていたら、どんな問題に関心を持つでしょう?

❷バイヤードが行動したことで、もっとも勇敢だと思うことはなんですか?

❸バイヤードのしたことで、あなたが衝撃を受けたり驚いたりしたことはありますか?

❹あなたがこれまでに参加したり、見たり、聞いたりした現在の非暴力行動の例を挙げてください。

❺世界に目を向けて、もっと公正でなければならないのはどんな点ですか? 非暴力運動はその場合、どのように役に立つと思いますか?

❻強く信じているからこそ、それを守るために抗議したいと思うものはありますか? 投獄されても守りたいと思うものはありますか? それはなぜですか?

❼バイヤードは、1986年に行った演説の中で、「ゲイの人たちは、社会変化の新しいバロメーターです……社会変化の問題は、もっとも攻撃されやすい人、つまり、

ゲイのことを念頭に考えられるべきです」と述べています。１９６８年当時、このことは当たっていたと思いますか？　現在、もっとも攻撃を受けやすい人たちとはどういう人たちだと思いますか？

❽バイヤードは、「天使の心を持ったトラブルメーカーが必要だ」と言っていますが、それはどういう意味だと思いますか？

❾もしバイヤードが北部のペンシルベニア州ではなく、南部のミシシッピ州で生まれていたら、その人生はどう違っていたと思いますか？

❿もしバイヤードが50年遅く生まれていたら、その人生はどう違っていたと思いますか？

⓫バイヤードとガンディーは会ったことがありませんでした。もし会っていたら、どんなことを話したと思いますか？

⓬もしあなたがバイヤードにひとつ質問できるとしたら、どんなことを聞きたいですか？

バイヤード年譜

（公民権運動に関するものは**太字**）

1912年　ペンシルベニア州ウエストチェスターで生まれる
1932年　ウエストチェスター高校卒業
1932年　ウィルバーフォース大学入学
1934年　ペンシルベニア州立チェイニー教員養成大学入学
1937年　アメリカ・フレンズ奉仕団学生平和旅団
1937年　ペンシルベニア州立チェイニー教員養成大学退学処分
1937年　ハーレムに移る
1938年　共産青年同盟に入る
1941年　A・フィリップ・ランドルフのワシントン行進運動に加わる
1941年　A・J・マステの友和会に就職
1942年　バスの白人席に座って逮捕され殴打される
1944年　**アイリーン・モーガン、バスで逮捕される**
1944年　軍の身体検査に出頭を拒み逮捕される
1946年　**州間バスにおける人種分離は憲法違反（モーガン対バージニア裁判）の決定**
1946年　釈放される
1947年　「和解の旅」
1947年　**モーハンダース・ガンディー、非暴力の闘いでインドの独立を勝ち取る**
1948年　**モーハンダース・ガンディー暗殺される**

1948年　インドでの世界平和主義者会議に参加
1949年　ノースカロライナ州でチェイン・ギャングの刑に22日間服する
1952年　**アフリカ民族会議がアパルトヘイトに対して非暴力の抗議を始める**
1952年　ナイジェリアとゴールドコースト（現在のガーナの一部）を訪問
1953年　カリフォルニア州パサデナにおいて道徳罪で逮捕される
1954年　**ブラウン対教育委員会裁判で、学校における人種分離は憲法違反の決定**
1955年　**アラバマ州モントゴメリのバスで、ローザ・パークスが逮捕される**
1955年　アメリカ・フレンズ奉仕団『権力に真実を突きつけよ』出版
（バイヤードの名は掲載されず）
1955年　「オペレーション・アラート（警報作戦）」に抗議して逮捕される
1956年　モントゴメリのバスボイコット運動でキング牧師に助言する
1957年　南部キリスト教指導者会議が結成される
1957年　「自由を求める祈りの巡礼」
1958年　第一回「学校における人種統合を求める若者の行進」
1958年　核兵器に反対して、イギリスのロンドンおよびオルダーマストンで抗議
（オルダーマストンには原子力兵器研究所がある）
1959年　第二回「学校における人種統合を求める若者の行進」
1959年　フランスの核兵器実験に抗議するサハラ・プロジェクト
1960年　キング牧師、バイヤードを顧問団から外す
1961年　**「フリーダム・ライド（自由を求める乗車運動）」**

1961年　サンフランシスコからモスクワまで4000マイルの平和行進
1962年　マルコムXと討論
1963年　「雇用と自由を求めるワシントン大行進」
1963年　**バーミングハムの16番通りバプティスト教会が爆破され、4人の少女が殺される**
1964年　**ハーレム暴動**
1964年　**公民権法可決**
1964年　A・フィリップ・ランドルフ研究所が設立され、常任理事となる
1965年　**投票権法可決**
1965年　**ワッツ暴動**
1965年　ベトナム戦争反対の声を上げる
1966年　A・フィリップ・ランドルフ研究所、自由予算を提案
1966年　ニューヨークタイムズ紙に「ブラック・パワー」を非難する広告を掲載
1967年　**キング牧師、「貧者の行進」運動を提案**
1968年　**キング牧師、暗殺される**
1971年　心臓発作を起こす
1977年　ウォルター・ネーグルと出会う
1978年　難民救済のためタイに出向く
1986年　ニューヨーク市でゲイの権利法案のため証言する
1987年　ニューヨーク市で死去
2013年　大統領自由勲章を授与される

訳者あとがき

わたしはかつて、『席を立たなかったクローデット―15歳、人種差別と戦って』（汐文社、2009）や『セルマの行進―リンダ十四歳 投票権を求めた戦い』（汐文社、2015）という本を訳したことがあります。1950年代のアメリカで始まった人種差別への抗議であるバスボイコット運動や投票権を求めた行進のことを書いた本です。

その中には公民権運動指導者としてキング牧師がたびたび登場します。しかし、そのキング牧師の指南役だったバイヤード・ラスティンは一度も登場していません。今回バイヤードのことを知って、わたしは心底驚きました。歴史はバイヤードのような人によって前進してきたと思わずにはいられません。さらに言えば、そんなバイヤードを育てた祖母ジュリアの存在は驚愕としか言えません。

アメリカの歴史はまだ250年にも満たない短いものですが、独立の日（1776年7月4日）にはすでに黒人奴隷が白人に使われ、苦難の日々を送っていました。黒人奴隷は、「人間」ではなく白人の「所有物」でした。長年にわたって黒人たちおよび黒人を支援する心ある白人たちは血を流して、黒人が「物」ではなく「人」として扱わるようにと闘ってきました。バイヤードはその流れの中で、「血を流さず」に権利を勝ち取るべく奮闘した人でした。

殴られたら怒りにまかせて殴り返すのは簡単かもしれません。しかし、殴り返さず、ただ殴られ通して耐えて、その末に権利を勝ち取るのは生易しいことではありません。非暴力による運動は強靱な精神力なくしては成し得ないことです。

バイヤードはいかなる場面でもクエーカーの教えに支えられ、愚痴ることなく、いつも前を向いて闘い抜き、生き抜きました。ゲイであるがゆえに、歴史の中に葬り去られようとしていたバイヤードが、今、日の目を見られるようになったのは、社会が一歩前進したことの証かもしれません。

それでも「まだまだ」です。昨今の Black Lives Matter の運動を見たら、バイヤードはなんと言うでしょう。

バイヤードは黒人差別やゲイ差別だけでなく、戦争や原爆にも強く反対し広く平和運動をしてきました。わたしたちの生きる世界は「まだまだ」なのです。やるべきことは山とあります。まえがきで原作者たちも書いているように、社会がよくなるときには若い人たちの大変革がリードしていくことがよくあります。この本を読んだみなさんの力がどうしても必要なのです。どうか、勇気をもってバイヤードのあとに続いてください。

2021年7月

渋谷弘子

●著者紹介

ジャクリーン・ハウトマン

フリーランスの作家。ウィスコンシン州マディソン市にあるウィスコンシン大学で、病原微生物学の博士号を取得。大人向けにも子ども向けにも、科学読み物を多数執筆。夫とともに、バイヤードの故郷ペンシルベニア州ウエストチェスターでクエーカーの結婚証明書を取る。ウィスコンシン州在住。

ウォルター・ネーグル

バイヤードが亡くなるまでの10年間、バイヤードの同性パートナーだった。バイヤードが国内の公民権運動と、国際問題、とりわけ難民問題や人権問題に取り組んでいた1977年に出会う。長年、非暴力や社会正義の問題に関心を持っており、バイヤードと共通の価値観や関心、信念を抱いていた。フォーダム大学を卒業後、A・フィリップ・ランドルフ教育基金でバイヤードとともに働き始める。1987年にバイヤードが亡くなると、彼の価値観や活動を広め、彼の業績を知ってもらうための民間の財団「バイヤード・ラスティン基金」の創設に尽力。2013年、同性パートナーとして、亡くなったバイヤードの代わりにホワイトハウスで大統領自由勲章を受け取った。

マイケル・G・ロング

エリザベスタウン大学で宗教学や、平和や紛争についての学問を教える准教授。また、1950年代の公民権、宗教、政治、和平の構築についての本に作者、編集者として多数関わる。ジョージア州アトランタにあるエモリー大学から博士号取得。ペンシルベニア州在住。

●訳者紹介

渋谷弘子（しぶや・ひろこ）

県立高校で 27 年間英語を教えたのち、翻訳の道に進む。主な訳書に、『大統領を動かした女性　ルース・ギンズバーグ』『わたしは大統領の奴隷だった』（汐文社）、『忘れないよリトル・ジョッシュ』『お話きかせてクリストフ』（文研出版）、『「走る図書館」が生まれた日』（評論社）、『チェンジ・ザ・ワールド！』（フレーベル館）などがある。群馬県在住。

バイヤード・ラスティンの生涯
ぼくは非暴力を貫き、あらゆる差別に反対する

2021年9月5日　第1刷発行

著　　者　ジャクリーン・ハウトマン
　　　　　ウォルター・ネーグル
　　　　　マイケル・G・ロング
訳　　者　渋谷弘子
発 行 者　坂上美樹
発 行 所　合同出版株式会社
　　　　　東京都小金井市関野町1-6-10
　　　　　郵便番号　184-0001
　　　　　電話　042（401）2930
　　　　　振替　00180-9-65422
　　　　　URL　https://www.godo-shuppan.co.jp/
印刷・製本　株式会社シナノ

■刊行図書リストを無料送呈いたします。
■落丁乱丁の際はお取り換えいたします。

ISBN978-4-7726-1467-2　NDC 370　216 × 151